LISTED COMPANY

上市公司
规划与设计

田庆有　著

中国商业出版社

图书在版编目（CIP）数据

上市公司规划与设计 / 田庆有著 . -- 北京：中国商业出版社，2022.1
ISBN 978-7-5208-1932-9

Ⅰ. ①上… Ⅱ. ①田…… Ⅲ. ①上市公司 – 企业融资 – 研究 Ⅳ. ① F276.6

中国版本图书馆 CIP 数据核字（2021）第 241638 号

责任编辑：侯　静　杜　辉

中国商业出版社出版发行
（www.zgsycb.com　100053　北京广安门内报国寺 1 号）
总编室：010–63180647　编辑室：010–83118925
发行部：010–83120835/8286
新华书店经销
廊坊市海涛印刷有限公司印刷
*
710 毫米 ×1000 毫米　16 开　13.75 印张　165 千字
2022 年 1 月第 1 版　2022 年 1 月第 1 次印刷
定价：49.80 元
* * * *

前言 PREFACE

资金是公司生存和发展的命脉，因此，融资是每家公司都绕不开的话题。

很多创业者都知道融资是解决公司发展过程中资金困难的有效路径，但缺乏融资经验是他们最头疼的问题，这让他们在融资过程中走了许多弯路。例如，丧失控制权、不会撰写商业计划书、被投资人欺骗、无法为公司准确估值、不明确上市流程等。

如果不能越过上面这些障碍，公司不仅无法得到发展，甚至还会面临更大的风险。为了提高融资的成功率，创业者必须多做一些融资方面的功课，加强对融资工作的理解。

本书中详细介绍了融资全流程，并为读者提供了“一站式”融资解决方案。

本书面向想借力资本成功创业的创业者，对融资各个环节的问题进行了解析，不仅有助于初次创业者融到钱，还能为规模较大的公司实现并购、上市等目标提供参考和借鉴。

本书分为以下三个部分。

第一部分为股权设计，针对融资后公司股权结构变动的问题，讲解了股权设计要点、如何把握控制权、股权估值、撰写商业计划书、选择投资人、签署投资协议等内容。

第二部分为并购策略，针对公司发展中期扩大规模、多元化发展的问题，讲解了并购行为、并购方案、尽职调查、实施并购等内容。

第三部分为上市管理，针对企业发展成熟后，为了获得更多资金，准备上市的问题，讲解了上市程序、上市风险规避等内容。

本书的读者对象为创业者、企业家、公司高管等需要融资或对融资工作感兴趣的人。本书的作者专业背景深厚，有丰富的专业知识储备和实战经验。相信通过学习本书，广大读者能有效提升自己的融资能力。

目录
CONTENTS

第一部分　股权设计

第三部分 上市管理

第一部分

股权设计

第 1 章

股权设计要点：保证多方利益实现共赢

股权设计是任何一家公司都无法回避的问题。它能否帮助公司迅速吸引投资，则直接决定着公司未来的发展状况。正确地设计股权分配制度，可以有效避免纠纷，帮助公司平稳度过创业危险期，保证多方利益实现共赢。

在进行股权设计前，创始人要了解相关的基础理论，用知识武装自己，以应对接下来复杂的设计工作。

1.1 关键点：融资时间 + 设计方案 + 合理谈判 + 利益保护

股权设计开始越来越受企业重视，它包含 4 个关键点，分别是融资时间、股权设计方案、如何与投资者谈判、合伙协议如何保护双方利益。

1.1.1 融资时间：在不需要钱的时候去融资

某位企业家曾向创业者分享自己的融资心得，他说："对那些今天盈利情况很好的企业，你们要记住，一定要在很赚钱的时候去融资，在不需要钱的时候去融资，要在阳光灿烂的日子修理屋顶，而不是等到需要钱的时候再去融资，那就麻烦了。所以，在不需要钱的时候去融资，这就是融资的最佳时间。"

"礼物说"是 90 后创业者温城辉创立的移动电商平台，以"礼物攻略"为核心，收罗时下潮流的礼物和送礼物的方法，为用户推荐热门礼物，用户也可以在平台上下单。

"礼物说"A 轮获得红杉资本 300 万美元投资；B 轮获某顶级知名机构 3000 万美元的投资，估值超过 2 亿美元；在 2017 年、2018 年，"礼物说"又获得 C 轮、C+ 轮融资。

温城辉一直坚守一条定律：永远不要等到缺钱时再融资，当资金期限只剩下 6 个月的时候就应当准备下一轮融资。其实在 B 轮融资时，公司的银行账户内储备了大量的资金，温城辉认为这样做可以保证公司在短时间内无生存压力，集中精力研发产品，还能够在接下来一轮的融资中保持较高的估值。

2019 年 4 月，上海一家儿童早教项目倒闭，创始人因拖欠供应商货款，成为全国失信被执行人。

此项目于 2017 年 6 月成立，当时在线教育领域是许多投资机构关注的热点。创始人凭借项目、团队优势获得 A 轮 2500 万元融资，在 6 个月内拿出 1500 万元进行课程升级，以及线上推广。

2018 年 7 月，项目用户量超过 400 万人，成为在线教育领域的黑马。这时公司账户有 800 万元可使用资金，根据推算，这些资金可以维持公司 7 个月的运营。创始人认为目前用户量增长迅速，过早启动 B 轮融资不会获得较高的估值。A 轮投资机构提出反对意见。

当时，创始人拥有 82% 的股权，拥有决策权。创始人计划于 2019 年 1 月启动融资。2018 年 11 月，在线教育项目融资形势发生了变化，许多投资机构对在线教育项目避而远之。

有一家投资机构，初步给出了 2 亿元估值，创始人只能接受，并签署了投资意向书。然而，在等待了 1 个月后，投资机构仍未签署正式投资协议。原来，投资机构认为目前在线教育形势不好，希望按 8000 万元重新估值。创始人对此拒绝接受。在与其他投资方多次洽谈无果的情况下，公司以倒闭而结束。

在初创阶段，融资过程时长时短，融资结果时好时坏，创业者要留足融资时间，避免因过晚融资影响估值。

1.1.2 设计方案：限制性股权，分期兑换

现在的公司大部分按出资的多少来分配股权，这也是《中华人民共和公司法》中明确规定的，但是这样的分配方式没有体现贡献度的合理价值。

A、B、C 三人合伙开公司，A 出资 50 万元，占股 50%；B 出资 30 万元，占股 30%；C 出资 20 万元，占股 20%。

一年后，B 提出离职，但希望保留股权，原因是公司没有规定合伙人在离职后必须退股。这样就出现了一个问题，A、C 继续经营公司，显然是对公司的发展做出了巨大的贡献。然而 B 只是出资 30 万元，没有参与公司后续的任何经营，却占了 30% 的股份，这对 A

和 C 来说是不公平的。

对此，最合理的解决方法就是谁创造价值，谁分配利益，既要对钱定价，也要对人定价。资金只占投资者全部股权的一部分，而剩下的部分应该分配给做出贡献的人。

以上述案例为例，按照公司的整体估值，资金占股的比例应该控制在 30% ~ 70%，余下的份额可以对做出贡献的人进行激励。按照这样的分配方法，即使 B 在一年后离职，也只能拥有一部分股份，并不能对公司造成很大的影响。

现在是知识经济的时代，大多公司都是轻资产的技术驱动型公司，而不是资金、资源驱动型公司。

为技术驱动型公司创造价值的并不是早期投入的资金，而是整个团队研发出的核心技术。虽然技术在公司的发展中有举足轻重的作用，但也不能忽视对技术类股份的限制。

试想，一个重要的合伙人突然要离职，而公司的融资可能无法按照市值回购股权，这样就造成了公司现金流压力很大，可能面临资金链断裂的风险。

面对这样的情况，最好的办法就是让合伙人拿限制性股权，这样的好处就是可以让合伙人的股权分期成熟，分期兑换。常见的股权成熟和兑换机制有四种。

第一种，分 4 年，每年成熟 1/4。

第二种，第一年成熟 10%，第二年成熟 20%，第三年成熟 30%，第四年成熟 40%，逐年递增。

第三种，全职满 2 年成熟 50%，第 3 年 75%，第 4 年 100%。

第四种，5 年成熟，工作满 1 年成熟 1/5，剩下的每月 1/48。

按照这样的模式，如果中途有合伙人离职，引发股权收购问题，对于还没有成熟的股权，公司可以用原价进行回购；对于已经成熟的股权，公司可以根据实际情况选择回购或者不回购。这样既保证了合伙人不会轻易离职，也可以在一定程度上缓解公司的资金压力。

1.1.3 合理谈判：避免“筑巢引凤”

投资者投资动机一般分为三种：财务型投资、生态型投资、控制型投资。

财务型投资是指投资者通过投资，获得投资增值。这一类投资者注重财务回报。

生态型投资是指投资者希望通过投资来弥补自己在某一领域的短板，与自己的主营业务产生战略协同。

控制型投资是指投资者通过投资的方式获得企业的控制权。这类投资案例存在不少创始团队成员因失去控制权被迫出局的现象。

从企业独立性来讲，生态型投资者对被投企业管控相对宽松，更利于创始人发挥自己的能力；财务型投资者次之；控制型投资者一般会对企业发展方向施加较大影响。

随着被投企业的发展，这三种投资类型可以互相转换。

某高端餐饮品牌企业创始人为了获得投资机构的投资，同意在投资条款中设立“对赌协议”：如果被投企业无法在 2 年内上市，投资机构有权退出投资，创始人需要将投资款退回，并给予高额利息。这一阶段投资机构充当了财务型投资者。

受经济环境影响，创始人无法在约定的时间完成企业上市。为了退还投资机构的投资款及利息，不得不将股权低价出售给投资机构，创始人以出局而告终。这一阶段投资机构则成为控制型投资者。

无独有偶，某电商企业创立一年后，获得A投资机构2000万元融资。

受经济形势影响，融资难度加剧，最终以8000万元出让80%的股权给B投资机构，创始团队沦为小股东。

B投资机构为了尽快获得财务回报，分三次将股权全部转让给了C机构。

C机构与创始团队及A投资机构谈判后，获得了余下的20%股权。创始团队也以出局告终。B机构在这一案例中作为财务型投资者，C机构则为控制型投资者。

在利益面前，各参与方很难有大的让步，后续发展如何谁都无法预料。创业者在选择投资者时要理性和慎重。

创业者从开始融资的那一刻就应当认识到，寻找发展理念与自己一致的投资者对公司有重要意义。不然，即使拿到了融资资金，投资者与自己的价值观和未来发展方向不一致，双方也会出现很多矛盾，不利于公司的发展。

在引进投资者时，应当通过合同约定好融资后各项事宜，保障双方权利。对于不利于自己的一些条款，创业者应当敢于对投资者说“不”。

1.1.4 利益保护：新合伙人和原合伙人的利益同样重要

公司在发展到一定规模后可能会有新的合伙人加入，这些新合伙人为公司投入一定的资金或价值，也应该按照规定享有一定比例的股权。这时候公司就需要废除原有的股权分配方案，重新计算估值，设计新的股权分配方案。

由于新合伙人的加入导致原有的股权分配方案被废除，新方案建立后，合伙人在损益分配、剩余财产分配和对公司的管理权方面均发生了变化，所以新的股权分配方案必须征得其他合伙人同意。另外，对于之前公司所负的债务，新合伙人也与其他合伙人一样须负无限连带责任，或有限责任，这一点须在新合伙协议中明确。

新合伙人有以下两种加入方式。

1. 从原合伙人手中取得部分或全部股权

在原合伙人全体同意后，新合伙人从一个或几个合伙人手中购买他们一部分或全部股权。这种入伙方式，公司原有资本总额和净资产不会发生改变，所以只需要计算部分合伙人的股权变化即可，无须调整资产、负债和重新计算估值。

2. 投入资本

在原合伙人全体同意后，新合伙人向公司投入银行存款或其他资产，加入公司，这使得公司的资产和权益均有所增加。由于公司之前已经营过一段时间，各项资产的实际价值已有所变动。为避免分配不均，在新合伙人加入时，须对公司之前的资产、负债进行确认和评估。通常评估的结果有以下三种。

（1）公司之前的净资产的账面价值等于其公允价值。

（2）公司之前的净资产的账面价值小于其公允价值，说明公司的资产在升值。

（3）公司之前的净资产的账面价值大于其公允价值，说明公司的资产在贬值。

《中华人民共和国合伙企业法》第四十三条规定："新合伙人入伙，除合伙协议另有约定外，应当经全体合伙人一致同意，并依法订立书面入伙协议。订立入伙协议时，原合伙人应当向新合伙人如实告知原合伙企业的经营状况和财务状况。"

这里的新合伙人是指加入公司的第三人。由于合伙关系本质上要求合伙人之间相互信赖，它不单是一种资金的联合，也是人的联合。原有的合伙人对新加入的合伙人主观上并不了解，很容易缺乏这种信任感，导致日后会在合作上出现各种矛盾，所以需要公司制定一套合理的新合伙人入伙程序，以确保双方的利益不受损失。新合伙人入伙程序可以规定如下。

（1）新合伙人加入，除合伙协议另有约定外，应当经全体合伙人一致同意，并依法订立书面入伙协议。

（2）订立入伙协议时，原合伙人应当向新合伙人如实告知公司之前的经营状况和财务状况。

（3）入伙的新合伙人与原合伙人享有同等权利，承担同等责任。入伙协议另有约定的，从其约定。

（4）新合伙人对入伙前公司的债务承担无限连带责任。

综上所述，这 4 条入伙程序不仅符合《中华人民共和国合伙企业法》第四十三条和第四十四条的规定，而且也保证了新合伙人与原合伙人双方的利益不受侵害。

1.2 常见难点：落入困境引败局

在股权设计的过程中，有五大问题是创始人经常遇到的，分别是创始人股权过少、权责分配不明、没有完善的股权评价、存在“影子股东”、股权设置僵硬等。

1.2.1 创始人股权比例过低，引发控制权隐患

每一个公司都免不了要有创始人，在初期的大部分时间里，他的决策、态度、价值观会发挥非常重要的作用。然而，在之后的股权分配和股权稀释中，创始人的股权会发生变化，即被稀释到一个比较低，甚至过低的水平。

鉴于此，如果创始人的股权比例过低，就必须想方设法去防止控制权之争，这需要花费大量的时间和精力，也会对融资的进程造成一定影响。

为了对公司进行更好的管理，促进公司的正常经营和长远发展，创始人的股权比例不能过低，也不能过高，而是要保持一个合理的状态。在公司发展的不同阶段，股权分配可能会发生变化，但是无论如何，创始人，尤其是核心创始人都必须持有一定比例的股权。

1.2.2 权责不对等，管理陷入混乱

在公司中可能会出现这样一种情况：某个股东虽然股权很少，但

拥有很大的决策权。

一家公司刚刚创立的时候只有李阳和张鹏两个股东，李阳占 51% 的股权，张鹏占 49% 的股权。后来为了增强市场竞争力，公司引进了一位技术人才，这个技术人才希望获得公司的股权。

于是，李阳和张鹏经过多次商议，最终决定每人拿出 2% 的股权放到技术人才名下，如此一来，他们二人的股权就分别变成 49% 和 47%，而技术人才的股权则从零变成 4%。

按理说，技术人才的股权比较少，在公司的地位没有那么高，是个不折不扣的小股东，不过要是李阳和张鹏发生矛盾，情况就会有所不同。张鹏 47% 的股权再加上技术人才 4% 的股权，正好是 51%，而李阳的股权只有 49%。在这样的股权架构下，李阳和张鹏都说了不算，而是技术人才说了算。

由此可见，如果出现 A、B 与 C 股权相加均大于 51% 的情况，大股东的控制权和决策权就会受到严重影响，小股东的地位会比之前高很多，这对公司有非常大的危害。

而动态股权分配机制能够很好地解决这一问题。

传统的静态股权分配的弊端很明显，公司在初期过早地切割股权，在后期很容易出现部分成员认为自己的贡献与收益不对等的情况。贡献大的，收获却少，结果，这些员工要么变得消极怠工，要么让公司矛盾激化，陷入僵局。如果公司内部不能维持平衡，又怎么能有更好的发展？

在一家公司里，每个人的能力不一样，贡献也不一样。如果不知道股东未来能付出多少，仅根据出资比例确定股份，对未来付出多的股东必然是不公平的，所以才有了现在提倡的动态股权分配方式。

动态股权分配指的是公司合伙人之间的股权动态调整，也就是在合伙创业的过程中，合伙人的股权不是一次性确定的，而是根据公司的发展不断调整他持有的股权比例。在这样的股权分配机制下，“勤劳”的股东，股权会随其所做出的贡献的增加而增加；而“懒惰”的股东，股权会“原地踏步”，甚至被清退。

动态股权分配的依据是各个合伙人的贡献值的比例，而调整的难点就在于如何衡量合伙人的贡献。衡量合伙人的贡献需要统筹考虑资金、资源、管理等公司发展要素，然后根据人员分工确定价格，最终以此统计出股权比例。

动态股权分配机制的核心是动态。在具体分配过程中，股权分配的比例、时机、价格都可以是发展变化的。

实行动态股权分配的目的是让公司的实质价值能够公平分配，其中包括以下三个要点。

1. 确定公司什么时候有实质价值

不同公司产生实质价值的时间不同，一般都会有明显的突破节点作为象征，这些节点也被称为“里程碑”。常见的里程碑有融资金额，日活、月活用户数，商品交易总额等。

2. 计算各合伙人为公司带来的贡献

合伙人的贡献表现为为公司带来的资源，包括现金投资、未领取报酬的劳动服务、办公场地和生产设备、知识产品、融资担保等。创始人可对这些资源进行计算，例如，劳动报酬为每月 2 万元，现金贡献为投入资金的 1.5 倍，知识产权贡献体现为每件产品的许可

费为 N 元等。

合伙人的贡献一定是可以明确量化的，所以，并不是任何的贡献均可作为股权分配的依据，如人脉资源、超出实际需要的资金、创意等。另外，如果合伙人职责以内的工作已得到工资报酬，则不应当作为股权分配的贡献。

3. 如何进行股权分配

有些创始人把投资机构的估值等同于公司的实质价值，但二者并不能同日而语，特别是在公司的发展前期。创始人应当根据公司的实质价值来分配股权，因为这与各合伙人的贡献值计算是相匹配的。具体有两种常用的分配方式，一是全动态股权分配，二是半动态股权分配。

全动态股权分配是指在“里程碑”达成时，通过计算合伙人的贡献，以各合伙人的贡献占比为依据分配股权。全体合伙人的贡献，计算为公司的实质价值，与公司估值没有关系。

半动态股权分配是指公司中由一两个合伙人为主导，如贡献大部分资金或其他资源，并全职为公司工作，担任董事长或事务合伙人等，那公司的部分股权可以先分配给该合伙人，剩下的股权再按照全动态股权分配方式分配。

除此之外，创始人要注意在分配股权时不能分配完 100% 的股权。因为，第一，公司还在发展，还可能引入其他人才和资源方，需要为他们留下一部分股权；第二，有的合伙人可能前期贡献较多，例如，创业初期现金作用巨大等，但中后期贡献逐渐变小，所以创始人要为这部分合伙人留出股权变化的空间。

1.2.3 缺乏完善的股权评价，只单纯按资入股

按资入股主要是根据出资比例来确定股权，这样的布局虽然比较容易操作，但存在一定的不合理性。例如，三位创始人（王明军、李健、刘凯）建立了一家公司，需要原始资金 1000 万元。王明军投入 500 万元占 50% 的股权，李健投入 300 万元占 30% 的股权，刘凯投入 200 万元占 20% 的股权。

从表面上看，这样的分配方式非常合理，但没过多久，不合理的情况就开始出现了。王明军不仅投入了 500 万元，还要负责公司的运营；李健和刘凯只是在开始的时候投入一笔资金，之后便撒手不管，根本不参与具体的事务。

不过，李健和刘凯还是按照出资比例获得了股权，拿到了分红。久而久之，王明军的不满情绪越来越强烈。从出资的角度看，三位创始人确实应该按照 5∶3∶2 的比例分配股权；但从人力的角度看，股权的分配不应该只考虑出资，还应该考虑为公司所做的贡献。

对公司来说，人力不仅是一种资源，更是促进发展的强大动力，所以在分配股权时，我们的视野不能过于狭窄，要结合各方面因素得出一个科学合理的结果。

1.2.4 只出资不担责，"影子股东"要不得

一些股东在公司创立的过程中投入了较多的资本，但是其能力欠缺，往往不参与公司的运营和决策。这些股东的主要义务是出资，

通常不承担连带责任，所以也被称为“影子股东”。

在对“影子股东”进行股权分配时，要根据公司自身的实际情况，遵循公平公正的原则，拿出最佳的方案。

一般来说，对于“影子股东”的股权分配，应该遵循3个原则，如表1–1所示。

表1–1 “影子股东”股权分配的三个原则

1	按投入占比分红，没有额外工资
2	按投入占比分红，没有额外业绩提成
3	逐渐稀释“影子股东”的股权占比

首先，股东不参与经营时，可以根据投入时的股权占比进行分红，但是其不会获得额外的工资。

股东投入资金，获得分红无可厚非，但是对于那些参与公司经营的股东来说，他们夜以继日地为公司工作，为公司的发展立下了汗马功劳，如果对他们也仅仅按照投入占比分红，则有失公允。所以，对参与公司经营的股东，公司还应该给予更多的报酬。例如，给予他们与其工作强度相匹配的年薪等。

其次，股东不参与经营时，可以根据投入时的股权占比进行分红，但是不会获得额外业绩提成。这一原则看起来与第一个原则类似，但也稍有不同。

在对参与经营的股东进行额外补贴时，必须参考其工作业绩，再给予相应的薪酬。这样的方式能够充分调动他们的积极性，促使他们把工作做得更出色，为公司创造更多的财富。

最后，对不参与经营的股东，公司要逐渐稀释其股权占比。从短期来讲，稀释不参与经营的股东的股权固然是一种有损其利益的行为，但为了公司的发展和进步，这样的行为是更加科学的，也是势在必行的。

如果不参与经营的股东在公司一直占据主要位置，那么当公司获得盈利时会获得更多的分红，这对于参与经营的股东来讲是不公平的。

如果公司发展遇挫，创业团队在稀释不参与经营的股东的股权后，也会使其承担更小的责任。总而言之，这一原则无论是对小股东，还是大股东来说都是有百利而无一害的。

1.2.5 股权设置僵硬，引发争议不断

投资者投入要素的价值会根据公司发展的不同阶段而发生变化。如公司成立初期资金、场地的估值会比较高，而到了中后期核心技术、人才的估值会比较高。这些估值的变化，会让投资者拥有的股权发生变化，这也是股权设计会产生争议的主要原因之一。

对此，公司可以设置变量，让股权处在动态变化中。一般来说，资金不能算是变量，因为投资者为公司投入的资金是有具体数额的，要按照估值计算成股权分配出去。但其他要素，如技术、人力、管理、人脉等都属于变量，会随着公司发展阶段的不同，拥有不同的价值。

有以下 4 种方法可以设置变量，如图 1-1 所示。

图 1-1　设置变量的 4 种方法

1. 发行限制性股权

限制性股权首先是股权，但同时它又有权利限制，需要投资者分期兑换。而且，投资者如果中途要退出，公司可以按照事先约定的价格对股权进行回购。

无论公司是否上市，都可以套用限制性股权方式。例如，某投资者在公司成立时出资 50 万元，获得了 20% 的股权。半年之后该投资者要求退出，此时公司市值已达到 5000 万元甚至 1 亿元，而他却能仅靠初始投资就拿到丰厚的收益，就会使其他投资者心理不平衡。如果该公司采用的是限制性股权方式，就可以避免出现这样的情况。

2. 股权分期兑现

根据公司的实际情况，公司可以设置不同的股权兑换机制。如某公司为了预防短期投机行为，要求投资者在入职后工作满 2 年兑换 50% 的股权，3 年兑换 75% 的股权，4 年兑换 100% 的股权。这种方式保证了投资者至少要在公司工作 2 年，避免了因投资者在短时间内退出给公司带来不必要损失。

3. 约定回购机制

随着公司的发展，股权的价格也在不断变化，投资者在公司成立初期投入的资金并不是股权真正的价格。因此，公司在为投资者分配股权时必须与投资者约定回购机制，确定一个双方都可以接受的回购价格，这个回购价格往往是公司和投资者双方自行协商的。

4. 做好预期管理

针对各种要素可能会产生的价值浮动做好团队预期管理，对于一个公司的发展是很重要的。不论是设置股权兑换的限制条件，还是设置股权的回购机制，其实都是一种预期管理。这样可以使股权处在动态变化之中，利于后期根据公司的发展再进行调整。

在股权分配初期设置这些变量，其实就是为后期各种要素的价值浮动留有一定调整的余地，最大限度地让投资者拿到与他们贡献相匹配的收益。毕竟一个公司能不能做成，未来能走多远等问题，是由创业者和投资者的共同努力决定的。

1.2.6 案例分析：成功企业也难逃股权纠纷

通过前文可知，股权设计对吸引投资者来说至关重要。下面将结合一个股权设计的经典案例，具体讲解设计股权时容易出现的问题以及股权设计的注意事项。

1990 年，潘宇海在东莞市长安镇开了一家甜品店。几年之后，他的姐姐（潘敏峰）、姐夫（蔡达标）加入其中。为了扩大经营范围，他们决定将甜品店转型，并更名为“真功夫”。凭借着蒸品这一特色，真功夫获得了迅猛发展。

如今，真功夫已经成为一家全国连锁的餐厅，在我国众多城市中都能看到真功夫的身影。然而，这家快餐行业领军品牌的餐厅，却因为股权问题导致估值不断缩水，经营和管理等工作也一度停滞不前。

潘宇海及其姐姐、姐夫初始的股权是这样的：潘宇海占股 50%，姐姐、姐夫分别占股 25%。后来，随着真功夫的不断扩张，三人并没有按照实际情况对股权进行重新分配和调整。2006 年，潘敏峰与蔡达标协议离婚，蔡达标获得潘敏峰在真功夫的全部股权，所以蔡达标当时其实掌握着真功夫 50% 的股权。也就是说，潘宇海和蔡达标的股权是平均分配的状况。

2007 年，因为有了上市的想法，所以潘宇海和蔡达标决定进行融资，最终获得了中山联动和今日资本的投资。当时，二人分别拿出了 3% 的股权给投资者。

随后，蔡达标提出了去家族化的内部管理改革，并控股中山联动。他还聘请了一些职业经理人来对真功夫进行管理，取代了之前的家族内部管理人员。至此，真功夫的股权已经发生了多次变化，变化路径如表 1–2 所示。

表 1–2　真功夫的股权变化路径

关键节点	蔡达标股权	潘敏峰股权	潘宇海股权
蔡达标、潘敏峰离婚前	25%	25%	50%
蔡达标、潘敏峰离婚后	50%	—	50%
引入中山联动和今日资本，两家各占 3% 股权	47%	—	47%
蔡达标控股中山联动	50%	—	47%

由于很多工作都是由蔡达标主持和推进的，所以潘宇海的实际权力相当于已经被架空。这一结果引起了潘宇海的强烈不满，他和蔡达标之间的矛盾也进一步升级。

后来，潘宇海将蔡达标告上了法庭。经过法院审理，蔡达标最终被判刑，潘宇海也重新获得了真功夫的控制权。真功夫的股权之争虽然落下了帷幕，但是此次股权之争给真功夫带来的影响却不是马上就可以恢复的。

现在，很多创业者都是与自己的朋友或者亲人一起合伙创业。在创业初期，出于朋友或亲人之间的情谊，往往会有平分股权的想法。如果真的平分股权，刚开始时涉及的经济纠纷可能较少，弊端也不会明显地凸显出来。

不过，如果在公司发展和壮大之后依然不对股权分配问题引起重视，那么就极有可能会导致种种不良后果的出现。为了避免这样的情况，创业者需要在公司成立之初就制定明确的股权分配制度，并将其落实到纸面上。

第 2 章

保持控制权：守住股权分配的底线

占股比例和公司的控制权之间并不存在绝对的关联。通过股权设计，即使占股少也能实现对公司的控制。创始人要运用好控制权策略，让合伙人获利的同时，也要把公司的控制权牢牢握在自己手中。

2.1 控制权的 3 个要点

关于控制权，通常会存在 3 个方面的问题，分别是股权与控制权有什么关系、创始人为何痛失控制权以及如何认定控股股东与实际控制人。下面将结合案例具体介绍。

2.1.1 股权控制：保持对公司的控股权

一个健康合理的股权比例有助于创业公司的稳定。但是，如果股权分配不好的话，公司后期发展就会隐藏着巨大的变数和风险。

股权分配最重要的原则就是一定要有一个“老大”，也就是说，一定要有一个拥有公司控制权的大股东。为什么呢？以牧羊人为例，一个牧羊人在放羊的时候只需要牵住头羊，身后数十只自由行动的羊就不会走丢。公司的发展也是同样的道理，有一个说话算数的人带领指挥，团队成员就会往同一个方向前进。

作为“老大”必须在公司有绝对的控股权，这样当公司投资者意见不能统一的时候，“老大”一旦下定论，其他投资者也无权反对，能省下很多开会争执的时间用来发展业务。对一般的创业公司来说，创始人的股权比例不应该低于 51%，最好在 67% 以上，这样即使大家在公司决策上出现了分歧，创始人也拥有绝对控制权。

随着公司的发展壮大，股权分散成了无法避免的局面，这时如何保住公司的控制权也是大多数创业者需要思考的问题。

在许多公司中，为了保持公司创始人对公司的控股权，通常会采取“同股不同权”的方式。正是这种方式让创始人获取高于其所占股权比例的表决权，使得他的影响力远超其纸面上所持股权的比例。

通过股权比例行使表决权，从而掌握对公司的控制权是创始人在最初掌握控制权的方法。但当公司已经发展到股权分配无法支撑创始人绝对控股权的规模时，创业者则需要寻找其他出路。

2.1.2 董事会控制：合理设置董事会席位和成员

一位创始人拥有 60% 的股权，另外两个小股东分别占有 20%

的股权。成立三人董事会后，他们全部做了董事并且各占一个席位，其中一个人提议让自己的妻子担任监事，创始人同意了。很显然，这位创始人还没有意识到自己已经失去了控制权。

在股东会，这位创始人拥有 60% 的投票权；但是在董事会，他却只有 33%（三分之一）的投票权，这意味着他的控制权从 60% 降到了 33%，给公司未来的发展带来了很大隐患。

大多数投资者在投资时只关注两个方面，一是价值，二是控制，投资条款清单中的条款也就相应具有两个维度的功能。

图 2–1 体现了实现价值功能和控制功能的主要条款，可以看出，董事会席位实现的控制功能是最强的。

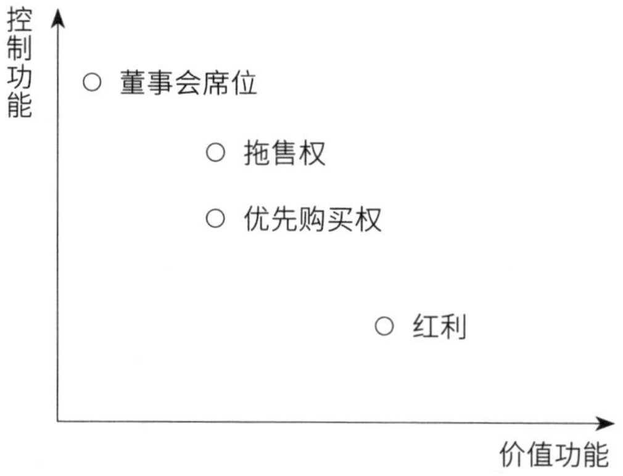

图 2–1　实现价值功能和控制功能的主要条款

一般情况下，为了保障投资后自己的利益，监管公司的运营，投资者会在投资之前要求进入董事会，占有一定数量的董事会席位，获得重要决策的投票权。

美国“硅谷”有这样一句话非常流行：“好的董事会不一定会造就好公司，但不好的董事会一定会毁掉公司。”一些创始人没有注意这一问题，眼光仅仅放在了估值条款上。

就像开头所讲案例中的创始人一样，在不经意间已经失去了绝对的董事会控制权，试想，如果两个小股东试图联手将这位创始人扫地出门，应当是很容易的事情。

因此，对于创始人来说，在计划融资时就可以开始组建董事会，因为董事会不仅影响控制权，还掌控整个公司的命运。

如何设置董事会席位？这是所有创业者都应该思考的问题，其核心在于保证创业者及其团队始终占据多数董事会席位，拥有控制权，其中有以下两个需要注意的重点。

1. 董事会席位最好是单数

通常情况下，将董事会席位设置为单数，可以避免决策时陷入投票僵局。而如果董事会席位是双数，那会带来很多不便，具体如图 2–2 所示。

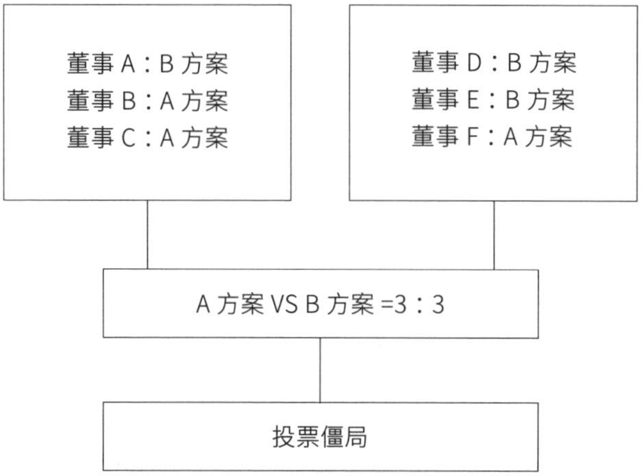

图 2–2　双数董事会席位带来的不便

理想情况下，三人董事会的构成应当是这样的：创始人指派两名董事（其中一名必须是 CEO）；投资者指派一名董事。

2. 创始人可以提名半数以上董事会成员

由于后续融资会带来新的投资者，董事会成员数也会逐渐增加，建议首轮融资后的董事会成员为 3 ~ 5 人。在完成首轮融资后，创始人应当拥有最多份额的股权，且占有绝大部分的董事会席位。

如果创始人持有大约 60% 的股权，而投资者只有一个，那么，董事会的构成就应该是：两个普通股股东 + 一个投资者 = 三个董事会成员；如果有两个投资者，那么董事会的构成为：三个普通股股东 + 两个投资者 = 五个董事会成员。

投资者可能会要求 CEO 必须占据一个董事会的普通股席位，这似乎是非常合理的，但创业者必须要小心。因为现在担任 CEO 的可能是你自己或者创始股东之一，一旦更换，就不一定还会是你的人。

一般情况下，投资条款清单中的董事会席位条款的主流是“创始人 + 创始人担任的 CEO + 投资者”的模式，但少数其他结构也是合理的，以下述两种情况为例。

（1）一个创始人席位 + 一个投资者席位 + 一个由创始人提名董事会一致同意并批准的独立董事（适用于只有一个创始人的公司）；

（2）一个创始人（A）席位 + 一个 CEO 席位（创始人 B）+ 一个投资者席位 + 一个由创始人或 CEO 提名董事会一致同意并批准的独立董事（适用于有两个或多个创始人的公司）。

另外，不是投资者要求进入董事会，创业者就必须同意，一般来说，入董事会对投资者的持股是有要求的，至少达到 5%。

2.1.3 投资者控制：避免股权稀释被扫地出门

投资者的进入会对股权产生影响，即创业者的股权会被稀释，从而出现控制权旁落的情况。乔布斯、埃隆·马斯克（特斯拉公司的创始人）都有过不得不离开自己公司的经历，这充分体现了控制权的关键作用。

反观 Facebook 公司，双层的股权架构设计，再加上表决权代理协议的签订，使马克·扎克伯格牢牢把握住了控制权，能够决定发展战略和经营方向。当然，正是因为如此，Facebook 公司也得以成为市值超高的互联网巨头。

总而言之，创业者要保证控制权不旁落。不过在这个过程中，投资者也许会是一个比较大的“障碍”，他们不希望创业者独揽大权，以防止自己赔得血本无归。所以，在实际操作时，控制权究竟能不能全部掌握在创业者手里，还是要看双方的谈判地位如何。

创业者为了平衡自己与投资者之间的利益，最大限度地保证自己的控制权，可以设置优先认购权。例如，在某公司中，创业者的股权是 10%，如今有投资者进入，获得 10% 的股权。如果没有优先认购权，则创业者的股权会被稀释；如果有优先认购权，要保证投资者获得 10% 的股权，并且创业者的股权不比之前少，那么创业者就要优先认购一部分股权以保护自己的利益。此时，创业者的股权虽然会被稀释，但不会稀释得过于严重。

总的来说，优先认购权可以在出价没有太大差别的情况下，投资者不能比创业者获得更多的利益。在融资时，很多创业者都主张通过该权利保护自己，这样不仅可以防止自己的股权被严重稀释，也有利于激励投资者以更高价进行后续的投资。

2.2 创始人心中的警戒线：股权的 8 条生命线

我们经常讨论股权的 8 条生命线，但是这些生命线到底是给谁定的、放在谁手里、有什么作用，又是另外的话题了。接下来，本小节就讲讲这 8 条生命线的意义。

2.2.1 67% 绝对控制，大小事情一人说了算

“51%+49%”股权结构虽能凸显股东的主次地位，但并无法解决控制权的问题。一个大股东即使拥有 51% 的股份也不能被认为可以完全控制公司，因为随着公司增资扩股，大股东的股权会被逐渐稀释，如果公司章程没有另外的约定，大股东终有一日会失去控制权。

那么拥有多少股份才能完美控制公司呢？答案是 67%。

67% 代表了超过三分之二的投票权，只要公司内部章程没有特殊规定，占据这条线说明你能一个人做出修改公司章程、分立、合并、变更主营项目等重大决策。这也是创始人的最佳生命线。本条生命线适用于有限责任公司、股份有限公司。

2.2.2 51% 相对控制权，经营方针指哪打哪

51% 代表了超过一半的投票权，被称为“相对控制权”，是因为只要公司内部章程中没有特殊规定，在股东按照出资比例行使表决权的情况下，你可以主导一些简单事项的决策，比如聘请独立董事，

选举董事、董事长，聘请审议机构，聘请会计师事务所，聘请 / 解聘总经理，就算后期公司经过 2 ~ 3 次融资稀释后，还可以控制公司。这是创始人退而求其次的生命线。本条生命线适用于股份有限公司，有限责任公司可自行约定。

但创始人需要记住，即使拥有 51% 的股权，但因未达 67%，所以除非公司章程中有其他约定，否则有 7 个事项个人无法独立决策，分别是增加注册资本、减少注册资本、修改公司章程、公司分立、公司合并、公司解散、变更公司形式。

2.2.3 34% 安全控制，用一票否决权坚守“内城墙”

如果创始人手中股权不足以维持 51% 以上的股权，则需要把股权控制在 34% 以上的安全控制线上。与绝对控制线相反，当创始人拥有 34% 的股权时，则其他股东就不能达成三分之二的投票率，这样就算没有绝对的控制权，也拥有一票否决权。但是，一票否决权只能用于生死存亡的重大决策，如果只是简单事宜，则创始人没有否决权。这是初创公司创始人的安全生命线。本条生命线适用于有限责任公司、股份有限公司。

小赵、小王、小张想要合伙开一家公司，注册资本为 100 万元。三人本想各占三分之一的股份，但在工商登记时，因必须填写各自的股权比例，三分之一不便于登记。于是，小张提议由他出资 34 万元，占股 34%，小赵和小王各出资 33 万元，各占股 33%。小赵和小王觉得这样好登记，便同意了小张的想法，公司顺利成立。

公司经营几年后，小赵和小王觉得自己和小张的经营理念不同，便想换掉小张的董事长的职位。然而他们发现，更换董事长必须修改公司章程。《中华人民共和国公司法》第四十三条规定："股东会会议作出修改公司章程、增加或者减少注册资本的决议，以及公司合并、分立、解散或者变更公司形式的决议，必须经代表三分之二以上表决权的股东通过。"而按现在公司的股权结构，只要小张不同意修改公司章程，董事长就永远无法更换。

由上述案例可以看出，持股 34% 的股东可以对公司的决议产生的影响。

2.2.4 20% 重大同业竞争警示线，避免构成竞业关系

20% 的持股比例是重大同业竞争警示线。同业竞争指的是上市公司所从事的业务与其控股股东所控制的其他公司的业务相同或近似，双方可能构成直接或间接的竞争关系。在我国一般认为，如果一家股份有限公司持有其他公司 20% 以上股权或可以对其他公司的经营决策施以重大影响，就会出现 20% 重大同业竞争警示线。

20% 没有确切的法律依据，是根据行业默认规则而定。在一家公司占股超过 20% 的股东，不能在同行业其他公司工作或任职，因为双方构成或者可能构成直接或间接的竞业关系。本条适用于上市的股份有限公司。

2.2.5 10% 临时会议权，可提议召开临时股东大会

公司的实际管理依靠股东会、董事会等执行机关的有效运作。

所以当股东会、董事会出现矛盾时，就可能导致公司运营出现严重困难。

为打破僵局，维护股东的正当权益，《中华人民共和国公司法》赋予了股东自救的手段，只要单独或合计持有公司股权 10% 以上的股东，就可以向法院申请解散公司，防止公司损失进一步扩大，伤害股东的权益。所以，如果是参与公司运营的投资人，持股比例最好不要低于 10%，否则很可能无法保障自己的资金安全。

拥有公司 10% 股权的股东有权提议召开股东临时会议，在董事和监事都不履行召集股东会职责时可以自行召集和主持。本条适用于股份有限公司。由于股份有限公司的特殊性，10% 的临时会议权限带有强制性，而有限责任公司章程根据公司内部的约定，10% 的临时会议权并不具备实际意义。

2.2.6　5% 重大股权变动警示线，做好披露和报告

《中华人民共和国证券法》第八十条规定：

> 发生可能对上市公司、股票在国务院批准的其他全国性证券交易场所交易的公司的股票交易价格产生较大影响的重大事件，投资者尚未得知时，公司应当立即将有关该重大事件的情况向国务院证券监督管理机构和证券交易场所报送临时报告，并予公告，说明事件的起因、目前的状态和可能产生的法律后果。
>
> 前款所称重大事件包括：

（一）公司的经营方针和经营范围的重大变化；

（二）公司的重大投资行为，公司在一年内购买、出售重大资产超过公司资产总额百分之三十，或者公司营业用主要资产的抵押、质押、出售或者报废一次超过该资产的百分之三十；

（三）公司订立重要合同、提供重大担保或者从事关联交易，可能对公司的资产、负债、权益和经营成果产生重要影响；

（四）公司发生重大债务和未能清偿到期重大债务的违约情况；

（五）公司发生重大亏损或者重大损失；

（六）公司生产经营的外部条件发生的重大变化；

（七）公司的董事、三分之一以上监事或者经理发生变动，董事长或者经理无法履行职责；

（八）持有公司百分之五以上股份的股东或者实际控制人持有股份或者控制公司的情况发生较大变化，公司的实际控制人及其控制的其他企业从事与公司相同或者相似业务的情况发生较大变化；

（九）公司分配股利、增资的计划，公司股权结构的重要变化，公司减资、合并、分立、解散及申请破产的决定，或者依法进入破产程序、被责令关闭；

（十）涉及公司的重大诉讼、仲裁，股东大会、董事会决议被依法撤销或者宣告无效；

（十一）公司涉嫌犯罪被依法立案调查，公司的控股股东、实际控制人、董事、监事、高级管理人员涉嫌犯罪被依法采取强制措施；

（十二）国务院证券监督管理机构规定的其他事项。

公司的控股股东或者实际控制人对重大事件的发生、进展产生较大影响的，应当及时将其知悉的有关情况书面告知公司，并配合公司履行信息披露义务。

因此，持有一个公司 5% 及以上股权的股东或者实际控制人，其所持该上市公司已发行的股权比例每增加或者减少 5%，应当依照规定进行报告和公告，披露权益变动书。本条适用于上市的股份有限公司。

2.2.7 3% 临时提案权，可在股东大会前提出临时提案

《中华人民共和国公司法》第一百零二条规定："单独或者合计持有公司百分之三以上股份的股东，可以在股东大会召开十日前提出临时提案并书面提交董事会；董事会应当在收到提案后二日内通知其他股东，并将该临时提案提交股东大会审议。临时提案的内容应当属于股东大会职权范围，并有明确议题和具体决议事项。"

因此，单独或者合计持有公司 3% 以上股权的股东，拥有临时提案权，这能有效保障小股东的权益。本条适用于股份有限公司，不适用于有限责任公司，因为有限责任公司兼具资合性和人合性，没有繁杂的程序性规定。

2.2.8 1%：代为诉讼权：可间接向法院起诉

在公司日常运转中，董事、监事、高级管理人员可能会违反规定，损害股东的权益。为了避免这种情况，保护小股东利益，《中华人民共和国公司法》第一百五十一条规定："董事、高级管理人员有本法第一百四十九条规定的情形的，有限责任公司的股东、股份有限公司连续一百八十日以上单独或者合计持有公司百分之一以上股份的股东，可以书面请求监事会或者不设监事会的有限责任公司的监事向人民法院提起诉讼；监事有本法第一百四十九条规定的情形的，前述股东可以书面请求董事会或者不设董事会的有限责任公司的执行董事向人民法院提起诉讼。"

占股 1% 的股东在发现公司股东或者高级管理人员有挪用公司公款等侵犯公司利益的行为时，如果公司董事会没有及时起诉，则有权利自行向人民法院起诉。那么是不是所有人都可以随便告公司了呢？答案是否定的。

在给予权利的同时，法律还规定，必须持股超过 180 天，且该公司没有持股时间和持股比例限制的情况下，才能达成条件。在提起诉讼期间，给公司造成的损失须由起诉方承担赔偿责任。

2.3 主动出击，发起控制权保卫战

创始人可以通过委托投票权、一致行动人、有限合伙持股等策略，主动调整股权设计方案，以达到把握控制权的目的。

2.3.1 签署委托投票协议，获得委托投票权

京东在美国纳斯达克上市之前，已经进行了多轮融资，刘强东与其他创始人的股权加在一起是 23.8%。

为了保障自己对京东的控制权，刘强东采用了一种比较好的方法：与 DST、红杉资本、高瓴资本、腾讯等大股东签署投票权委托协议，获得京东上市前 51.2% 的投票权。

简单来说，投票权委托协议是通过签订协议，让创始人获得激励对象或投资者的表决权。签订投票权委托协议之后，激励对象或投资者的表决权虽然全部让给了创始人，但依然享有分红权、增值权和处置权等多项权利。

除了签订投票权委托协议以外，签订股权代持协议也是创始人保障控制权的方法，即创始人通过股权代持协议代持激励对象或投资者的股权。虽然被代持股权的激励对象或投资者名义上属于大股东，但法律上还是属于激励对象或投资者。

创始人可以在一定程度上代替被代持股权的激励对象或投资者行使投票权，但存在潜在的法律风险。另外，因为国家相关法规明确规定，公司在上市时必须有明晰的股权，所以对即将上市的公司来说，股权代持协议一定要谨慎使用，不能随便签订。

2.3.2 签署一致行动人协议，扩大控制权

成为一致行动人的目的在于保护创始人对公司的控制权，通常会落实到书面上，即签订一致行动人协议。签订这个协议后，相当

于在股东大会之外又建立一个由部分股东组成的“小股东会”。

每一次在讨论某一事项时，“小股东会”会事先给出一个结果作为唯一对外的意见，用以决定这一事项是否进行，这样可以达成扩大创始人控制权的目的。

如果有人做出相反的决定，或者违背一致行动人协议，其他签约人有权在法律允许的范围内根据具体内容来实施惩罚。

例如，2020年1月17日，陕西某电器股份有限公司的创始人与其投资者签署了《一致行动人协议》，至此，这位创始人与其投资者共同持有5321.2470万股，占公司总股权的22.56%。他们签署的《一致行动人协议》主要包含一致提案和一致投票行动，而双方作为陕西某电器股份有限公司的股东所享有的其他股票处置权、分红权、查询权等权力则不受影响。

下面整理了一份《一致行动人协议》范本，供大家参考。

《一致行动人协议》范本

甲方：________（身份证号码：______________________）

乙方：________（身份证号码：______________________）

丙方：________（身份证号码：______________________）

丁方：________（身份证号码：______________________）

（以下称为“各方”）鉴于：

（1）甲方为____________股份有限公司（以下简称A公司）的股东，占股____%；乙方为A公司的股东，占股____%；丙方为A公司的股东，占股____%；丁方为A

公司的股东，占股____%。

（2）为保障公司得到稳定的发展，减少公司因意见不合而浪费的时间、经济资源，提高公司经营、决策的效率，各方协商在公司股东大会中采取“一致行动”，从而达到高效控制公司的目的。

为此，各方经友好协商，对“一致行动”的事宜进一步明确以下条款。

1.“一致行动”的目的

各方将在公司股东大会会议中行使表决权时保持目标一致、行为一致，以达成保障各方在公司中的控制地位的目的。

2.“一致行动”的内容

各方在公司股东大会会议中保持的“一致行动”指，各方在公司股东大会中在行使下列表决权时保持行为一致。

（1）提案保持一致；

（2）投票表决决定公司的经营企划和投资者方案保持一致；

（3）投票表决制订公司的年度财务预算方案、决算方案保持一致；

（4）投票表决制订公司的利润分配方案与弥补亏损方案保持一致；

（5）投票表决制订公司增加或减少注册资本的方案以及发行公司债券的方案保持一致；

（6）投票表决聘任或解聘公司经理，并根据经理的提名，聘任或解聘公司副经理、财务负责人，决定其报酬事项保持一致；

（7）投票表决决定公司内部管理机构的设置保持一致；

（8）投票表决制定公司的基本管理制度保持一致；

（9）假如各方中任意一方无法参加股东大会会议时，须委托另一方参加会议并代为行使投票表决权；若各方均无法参加股东大会会议，则须共同委托他人参加会议并代为行使投票表决权；

（10）行使在股东大会中的其他职权时保持一致。

3.“一致行动”的延伸

（1）若协议内部各方意见无法统一，各方则依据____方的意向行使表决权；

（2）协议各方承诺，若某一方将自己所持本公司的全部或者部分股权对外转让，则受让方需要同意继承本协议所协商的义务并与其余各方重新签署本协议，股权转让方能生效；

（3）如果任何一方违反其作出的以上任意一条承诺，则必须按照其他守约方的要求将其全部的权利与义务转让给其他守约各方中的一方、两方或多方，各守约方也可以一致要求将违约方的全部权利和义务转让给指定的协议外第三方。

4.“一致行动”的期限

自______年____月____日至______年____月____日止。

5. 变更或解除协议

（1）本协议自各方在协议上签字盖章之日起生效，各方在协议期限内应按照约定履行协议义务，若要变更本协议条款须经各方协商一致且采取书面形式重新签订协议；

（2）在期限之前解除本协议，须各方协商一致；

以上变更和解除均不得损害各方在公司中的合法权益。

6. 争议的解决

本协议出现争议各方必须通过友好协商解决，协商不成应将争议提交给________仲裁委员会按当时有效的仲裁规则在________解决。

7. 管辖的法律

本协议以及协议各方在本协议下的权利与义务由中国法律管辖。

8. 本协议一式____份，各方各执____份，具有同等法律效力。

签署各方：

甲方：________（签字）

乙方：________（签字）

丙方：________（签字）

丁方：________（签字）

签约日期：______年____月____日

签约地点：________________________________

2.3.3 有限合伙持股，分离控制权和分红

有限合伙是由普通投资者和有限投资者组成的一种新型合伙模式，其中，普通投资者承担无限责任，有限投资者根据其出资额承担有限责任。

在这种合伙模式中，普通投资者虽然承担无限责任，但可以作为事务执行人对外代表公司，并掌握绝对的决策权；而有限投资者虽然可以获得分红，但没有决策权和对公司的控制权。

由此可见，有限合伙通过分离投票权与股权、决策权与分红，让创始人轻松掌握公司的控制权。另外，借助特有的内部治理机制，有限合伙还能够降低运营成本、提高决策效率。

投资者如果通过有限合伙持有股权，那就可以随意转让自己的股权和权力，退出时也更加自由。这种能在投资的同时可以自由退出的模式，将对投资者产生更大的吸引力。

因此，创始人可以不让投资者直接持有股权，而是将投资者放在一个有限合伙公司中，让这个有限合伙公司持有股权。这样，创始人就可以间接持有股权，获得更大的权力。

此外，创始人还可以让自己或自己名下公司担任普通投资者，控制有限合伙公司，然后通过这个有限合伙公司持有和控制更多股权。在这样的做法下，创始人或他名下公司就可以成功掌握控制权。而其他股东只能是有限投资者，只享有分红但不参与日常管理决策，也无法控制公司。

最后需要注意的是，创始人的婚姻一旦发生变化，稍有不慎，

他就会失去股权以及控制权。所以，要想保证股权和控制权的稳定性，创始人可以引入有限合伙或者对投票权进行合理设计（签订投票权委托协议、一致行动协议）。

第3章

股权估值：科学量化未来效益水平

对公司进行估值是投融资过程中必不可少的一个环节，投资者将资金注入公司，应该占有的权益首先取决于公司的价值。而一个公司的价值为多少，是一个非常专业，也十分复杂的问题。本章将具体介绍影响股权估值的因素以及具体的估值方法。

3.1 简易便捷的相对估值法

相对估值法比较简单，也非常容易理解和操作，所以现在已经受到了广泛关注。在相对估值法中，主要包括可比公司分析、可比交易分析两种方法。这两种方法各有特点，并不是适合所有的公司。目前，相对估值法面临着比较严峻的挑战，如被乱用和滥用、逐渐变得浅薄化等。为了更好地应对挑战，我们需要掌握与之相关的知识和技巧。

3.1.1 可比公司法：以同类公司为参照

可比公司法是投资者比较喜欢的估值方法，即用可比上市公司乘数来决定估值。因为可比上市公司的数据通常更有时效性和真实性，所以得出的结果也比较准确可信。

不过必须注意的是，要想使用可比公司法，关键是掌握其步骤，具体包括以下 3 个。

1. 挑选同行业可参照的上市公司

可比公司法可以提供一个市场基准，然后依照这个基准来分析目标公司当前的价值。这里的市场基准应当是目标公司同行业可参照的上市公司，主要作用是提供一个相关性很强的参考。

通常情况下，应该先从目标公司的竞争对手查起，因为竞争对手都具有相似的关键业务、发展战略以及风险。在具体操作上，创业者可以在网上搜寻竞争对手，数量以 5 ~ 10 个为宜。

2. 计算同类公司的主要财务比率

同类公司的主要财务比率主要包括盈利能力、投资收益、杠杆率、相关倍数等。

盈利能力可以通过毛利率、税息折旧及摊销前利润（EBITDA）率、息税前利润（EBIT）率以及净利润率 4 个指标分析，不过这 4 个指标对盈利能力的衡量都不相同。

投资收益通常用 3 个指标来分析，分别是已投资本回报率（ROIC）、股东权益回报率（ROE）以及资产回报率（ROA）。

杠杆率主要是指公司的负债水平，其衡量指标一般是债务与

EBITDA 的比率，债务与资本总额的比率以及覆盖比率（EBITDA 与利息支出的比率）。一般来说，杠杆率越高，公司陷入财务困境的风险就越大，所以投资者都会十分关注。

在将所需财务数据收集好，制成表格之后，创业者就可以计算同类公司的相关倍数，例如，市盈率（P/E）、公司价值 /EBITDA、公司价值 / 销售额等。

3. 用这些比率作为市场价格乘数做出估值

挑选出同行业可参照的上市公司并计算出主要财务比率后，接下来就需要将目标公司与同类公司进行分析和比较，从而进一步框定相对的估值范围。

首先，创业者需要在同类公司里筛选出与自己业务和财务特征最为接近的那一个，并排除离群值；然后，创业者应该分析和比较交易倍数，然后找到最佳可比公司。

基于以上比较分析，创业者就可以识别出和目标公司最接近的公司了，这些最接近的公司可以帮助创业者框定最终估值的范围。

3.1.2 可比交易法：以已成交公司的定价为参考

可比交易法指的是从类似的融资交易事件中获取有用的财务数据来求出一些相应的融资价格乘数，然后在此基础上评估目标公司的价值。该方法不仅操作比较简单，而且非常实用。

首先，挑选同行业被投资的相似公司。

可比交易法并不针对目标公司的市场价值进行分析，而是在市场上寻找类似的融资交易。一般情况下，同行业的同类公司被并购的案例具有参考价值。计算出类似融资交易中估值的平均溢价水平后，就可以用这个溢价水平计算出目标公司的价值。

其次，计算相应的融资价格乘数。

在已经被投资和并购的公司的估值基础上，获取与融资估值相关的财务数据，并计算出相应的融资价格乘数，以此为依据对目标公司进行融资估值。

全球首家电梯媒体分众传媒收购框架传媒和聚众传媒时，便将自身的市场参数作为依据对这两家公司进行了估值。而且完成框架传媒的收购后，框架传媒的估值也成为聚众传媒的估值依据。

最后，根据溢价水平做出估值。

可比交易法与可比公司法大致相同，是指在估值过程中，选择同行业中与公司规模相同，但是已经被投资、并购的公司。在这些已经被投资、并购的公司的估值基础上，公司可以获取与估值相关的财务数据，计算出相应的融资价格乘数，并以此为依据对自己进行估值。

举例来讲，A公司在不久之前获得融资，B公司与A公司同属一个行业，并且在业务领域上也与A公司相似。但是B公司的经营规模比A公司大3倍，那么在对B公司进行估值时，就需要在A公司的估值基础上扩大3倍左右。通过这种方法，虽然实际的估值会出现一定程度的偏差，但是最终的结果还是有很大的参考价值。

估值的过程即对公司未来的效益水平进行科学量化的过程。随着市场经济的不断发展和公司产权的日益商品化，公司价值的评估也越来越受到重视，正在成为衡量公司成功与否和整体质量的全面、准确的指标。

3.2 方式各异的标准计算估值法

标准计算估值法主要是通过某些特定标准来衡量公司的价值，所谓某些特定标准主要包括市盈率、现金流量等。

3.2.1 市盈率估值法：最常用的指标

一般快速发展的创业公司按照市盈率来计算估值比较合适，其中的逻辑是：投资者投资的是一个公司的未来，是对公司未来的盈利能力给出当前的价格。计算方法为：

公司的估值＝预测市盈率 × 公司未来 12 个月利润

例如，某高新技术公司按 2019 年预测利润的 X 倍市盈率计算，2019 年预测税后净利润为人民币 Y 亿元，该公司估值为 $Z = X \times Y$ 亿元。其中，公司未来 12 个月的利润是通过公司历史财务数据预测出来的，那么主要的问题就是计算预测市盈率了。

通常来说，风投机构确定预测市盈率时普遍用到的方法是给历史市盈率打折扣。例如，互联网行业的平均历史市盈率是 60，那么预测市盈率大概是 50。

对于同行业、同规模的非上市目标公司来说，参考的预测市盈率会继续打折扣，一般为 20 ~ 30；如果目标公司在同行业中属于规模较小的初创公司，参考的预测市盈率会再打个折扣，基本上就变成 10 ~ 15 了；如果某互联网初创公司预测融资后下一年度的利润是 1000 万元，公司的估值就是 1 亿 ~ 1.5 亿元。

3.2.2 现金流量折现法：对未来现金流进行贴现

使用现金流量折算法，创业者要先估算未来 5 年或者 10 年的自由现金流。要做好这项工作，必须对目标公司的业务和竞争优势有充分的了解，同时还要有一定的专业基础。

创业者与投资者达成的一致看法可以反映在对未来现金流的估算中。例如，目标公司的利润率未来会提高，或者它的销售增长速度会降低，又或者需要增加投入来保养现有的设备、厂房等。

假设 A 公司 2017 年的自由现金流是 1000 万元，销售前景不错。通过一番研究，计算出它的自由现金流在未来 5 年内会以 10% 的速度增长，然后由于竞争加剧，5 年后它的自由现金流增长速度降为 5%。那么根据以上信息，公司未来 10 年的估计现金流，如表 3-1 所示。

表 3-1　从第 1 年到第 10 年的估计现金流

单位：万元

时间	现金流	时间	现金流
第 1 年	1100	第 6 年	1691.04
第 2 年	1210	第 7 年	1775.59
第 3 年	1331	第 8 年	1864.28
第 4 年	1464.10	第 9 年	1957.49
第 5 年	1610.51	第 10 年	2055.36

在估算创业公司的现金流时，投资者通常会特别小心，因为创业公司的历史财务状况不像上市公司那样透明、清晰。

创业公司通常历史较短，且没有披露财务和重要信息的监管要求，甚至没有规范的成本核算，创始人以远低于市场价的工资为公司工作。因此，创业者在实际创业的过程中，可能不得不为估值模型所依赖的假设做出会计准则上的调整。

3.2.3 销售额估值法：以销售额进行估值

如果公司还没有产生利润，那么不妨以销售额为基础，按照行业的平均利润率进行估值。如表 3–2 所示。

表 3–2 销售额计算法

行业	平均利润率	年销售额	估值计算
某行业内公司	X	上一年度销售额或者下一年预计销售额 Y	X × Y

例如，制造业的利润率超过 35%，估值可以是最近一期的年度销售额或预计下一年的销售总额乘以 2；批发业利润比较低，估值可以是年度销售额乘以 0.5；零售业内公司的估值可以是年度销售额乘以 1。当然，这里指的是一般情况，在实际操作时，还是要具体情况具体分析，不过原则上不应该偏离这些指标太远。

3.2.4 资产估值法：相对保守的估值方法

资产估值法是一种比较保守的融资估值方法，投资者首先会假设自己是一个相当谨慎的投资者，然后对目标公司的资产和发展中所需的资金进行预测，找出与目标公司的资产相匹配的收购成本，再对其进行融资估值。

例如：在中海油竞购尤尼科时，中海油就是采用了资产法的融资估值方法，根据尤尼科的石油储量对其公司进行了保守的估值，最终完成了收购。

这个方法以目标公司的真实数据为基础进行估值，看似一种非常准确的方法，但由于并未考虑到公司未来产生的经济收益价值，所以在公司进行融资估值时，往往会将公司的融资价值压得很低。这一点，需要创业者在公司估值的时候注意。

3.3 影响公司估值的基本要素

虽然影响股权估值的因素众多，但每个阶段起作用的影响因素都不同。下面将具体介绍一下影响股权估值的因素以及公司发展的不同阶段的估值影响因素。

3.3.1 牢记五大要素，做出合理估值

下面将介绍估值五大要素，分别为增长空间、增长速度、增长效率、净资产收益率（Return on Equity，ROE）以及风险。依据这五大要素，可以有效做出合理的估值。

第一点是增长空间。

股神巴菲特的一项投资原则是"是否具有良好的发展前景"。一个企业能否壮大是建立在其是否有充足增长空间之上的。那些拥有巨大增长空间的企业更容易受到投资人的喜爱。企业的增长空间取决于它所在行业的增长空间，一般可从用户的渗透率、人均消费水平、行业现状等方面判断。

例如，某体育服饰公司对中国的人均运动服饰消费水平进行研究后，发觉其远低于发达国家人均水平，由此判断该市场有较大的增长空间。总的来说，可以从企业的增长空间中判断其是否具有良好前景，但假如没有核心竞争力，即便拥有巨大的增长空间，最终也只能为后来人做嫁衣。

第二点是增长速度。

增长速度是显著影响企业估值水平的因素之一，毕竟增长空间属于不可预知的遥远未来，而企业收入、利润的增速却是可以被预测和证实的。许多投资人很喜欢用 PEG 指标（用企业的市盈率除以企业的盈利增长速度）对快速增长的公司进行估值。

第三点是增长效率。

某一企业的利润增幅虽然很快，但现金流却被存货、应收账款等占据了绝大部分；而另一公司利润增幅也很快，但需要将利润再投回企业进行资本扩张才能增长，股东无法自由支配利润。那么，这两类企业的增长效率高吗？答案显而易见，它们的增长效率都不高。

一般而言，企业自由现金流 = 扣除调整税后的净营业利润 + 折旧摊销 – 资本支出 – 运营资本支出。上述两家企业后两项较大，导致自由现金流下降，增长效率也就随之下降，同时致使企业的估值有所降低。

第四点是净资产收益率。

假如只能用一个指标来衡量企业是否经营出色，那这个指标非净资产收益率莫属。净资产收益率能体现出企业的独特竞争优势，大多数投资人对这类业绩持续优异的企业估值都偏高。

当然也有投资人喜欢投资净资产收益率提升幅度大的企业。也许这类企业的净资产收益率先前并不优异，但会因为行业周期、资产剥离、分拆等因素得到大幅提升，股价更是一鸣惊人，俗称“黑马股投资”。

第五点是风险。

即使企业的收益情况不错，但承担了过高的风险，估值也会降下来。一般而言，企业的风险有 3 种，它们分别是财务风险、经营风险、市场风险。

财务风险是指由财务杠杆所带来的风险。当还不起有息借款时，债务所有人就会上门逼债，企业为了偿还这些债务，就将面临现金流断裂的风险。有息负债率 =（短期借款 + 一年内到期的非流动负债 + 长期借款 + 长期债券）/ 所有者权益，当这一指标大于 1 时，财务风险偏大。

经营风险是指由经营杠杆所带来的风险。一旦经营杠杆过高，就意味着成本花费较高，抵御外在市场波动的能力较小，只要收入出现小幅度下滑就会引起经营利润的大幅下滑。

市场风险是指企业盈利对经济周期的敏感程度。周期行业的企业在经济低迷时，其盈利下降程度更大。衡量企业周期性的最简单办法是看其产品供给时间与产品使用寿命间的差值。

3.3.2 发展阶段不同，影响估值的要素不同

公司的发展阶段可大致分为早期、成长期以及发展成熟期，每个发展阶段都有不同的特点。

先来看早期阶段。从种子期到天使轮、A 轮时期，都可以称为公司早期阶段。

这个时期的公司往往具有现金流不稳定、报表制度不健全、会计数据缺乏全面性和规范性的问题，因此不能采用折现方法预测收益、计算估值。

在早期发展阶段，公司的不确定因素过多，因此做出准确估值相对困难。这个时期的估值主要依据公司的创始人、规划等。

再来看成长期阶段。一般来说，B 轮和 C 轮、D 轮的公司都可以称为公司成长期阶段。

这个时期的公司往往具有稳定的现金流和一定规模的营业收入。其报表制度也相对健全，会计数据更加全面和规范，此时能够使用相对常规的估值方法来分析。

预估这个阶段的公司价值，可以采用相对估值法，诸如 P/E、P/B、PEG、P/S 估值法等，还有前文所述的自由现金流贴现估值法。

此阶段估值的影响因素主要为公司的增长潜力。其发展的不确定性较大，同时具体的融资形式和条款较为庞杂，故而在一般的估值倍数基础之上存在一定折扣。

最后看一下公司的发展成熟期阶段，又称为 PE 阶段。

在此阶段，公司具备了一定的市场规模和盈利基础。其财务结构与数据、现金流状况和各种极限环境下的损失测算都更加完善。

故而公司在此阶段的资金需求往往为寻求上市融资以及实施并购进行产业整合。

此阶段的公司估值方法与成长期阶段类似，可二者的侧重点不同。成长期阶段的公司刚达到盈亏平衡点，未具备一定的规模，故而投资人将关注重点放在管理团队、用户体验和数据以及产品本身的竞争力上；而处于发展成熟期阶段的公司的投资人把关注重点放在公司的财务、资本运作等方面。

由此可知，行业不同、发展阶段不同、架构不同的公司，其估值的影响因素也不同。因此没有万能的估值方法。特别是在公司发展的早期阶段，其价值的“能见度”较低，估值难度较大。

这些给公司的启示是：若想做出合理、精确的估值，公司需要建立自身的能力圈，对行业、公司以及相关宏观环境的特征和趋势有足够的了解，做到真正的价值发现。

第4章

写好商业计划书，展示投资价值

商业计划书（Business Plan，BP），是创业者与投资者建立联系的载体。创业者需要一份优秀的商业计划书来展示公司和项目的当前状况以及未来发展潜力，从而激发投资者的兴趣。

4.1 内容完整的商业计划书更吸睛

一份优质的商业计划书通常非常有价值，其必备内容主要有市场、创始人以及核心团队、产品/服务、商业模式、竞争分析、里程碑数据、融资金额、融资规划等。

我们可以根据重要性为各项内容安排顺序，越是重要的内容就越应该在前面。精心撰写商业计划书中的每一项内容，投资者会看到真正的能力和诚意。

4.1.1 市场：市场预测展示项目前景

投资者投资最看重的就是你对市场需求的预测以及市场未来容量的分析。创业者对于市场需求的预测，具体来说就是有多少用户可能使用你的产品或服务，百万元级、千万元级还是亿元级？

在市场容量巨大的中国，一个目标用户只有百万元级的产品并不是一个潜力巨大的产品。当然，市场预期不是仅仅表现在用户数量上，还有客单价等衡量标准，一个用户量少但是客单价很高的产品或服务也具有很大潜力，例如，各类 C2B、B2B 服务。

另外，对投资者来说，市场未来容量会深刻影响投资决定。原因很简单，市场在未来 5 ~ 10 年的变化空间基本上可以预测，投资者喜欢市场空间足够大，可以容纳百亿元级别的潜力公司。

4.1.2 创始人以及核心团队：好的项目需要可靠的执行人

投资者在看早期项目的时候，创始人以及核心团队是非常关键的评判标准，因为，与项目相比，团队是比较稳定的因素。

在项目后期的运作过程中，包括目标市场、产品和商业模式都会稍作改变，而团队却是不变的因素，那么我们如何表现才能让投资者青睐我们的团队呢？

首先是创始人方面，名校名企以及知名项目的经历会给创始人一个优秀的标签。即便没有标签也不要紧，创始人可以具体说出自己在相关行业的经验及成就，甚至情怀。像乔布斯一样“致力于改变世界”“让人生更有价值”，投资者也许会对你刮目相看。

接下来是团队方面，重点介绍其中的核心成员，将他们的经历和擅长领域凸显出来，以此来吸引投资者的注意力。例如，对团队中核心成员的特殊才能、特点、人脉资源进行介绍。

另外，商业计划书中还需要明确公司的管理目标，标明组织机构图，以便投资者对公司的管理团队有更为清楚的认识。你可以参考以下的组织结构模板图，根据实际情况完善你公司的组织架构图，如图 4–1 所示。

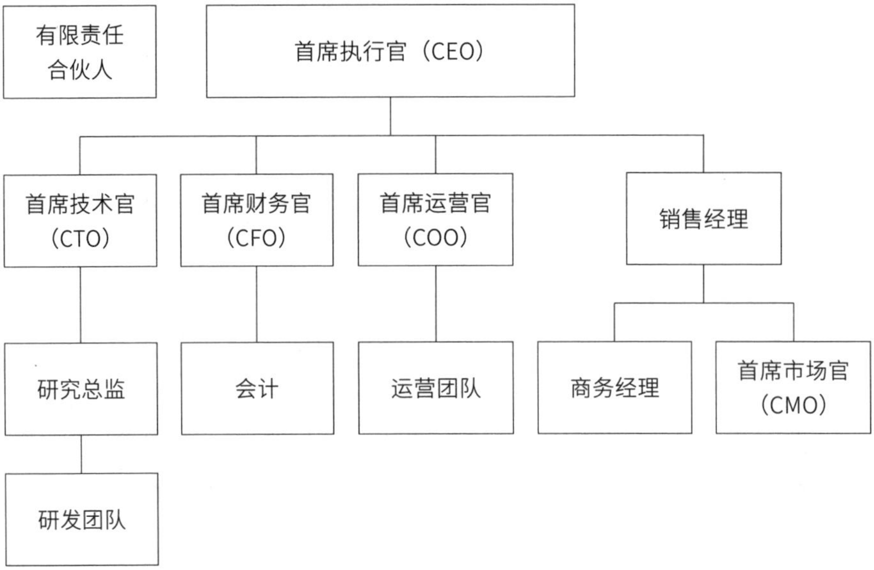

图 4–1 组织结构模板示意图

4.1.3 产品 / 服务：聚焦目标用户，解决问题

描述产品 / 服务实质上就是在回答投资者你的管理团队在目标市场上解决了什么问题。

具体就是目标用户是谁？用户的“痛点”是什么？你通过什么产品 / 服务（切入点）解决用户的“痛点”？你的解决方案相比市场中的竞争对手有什么优势？如图 4-2 所示。

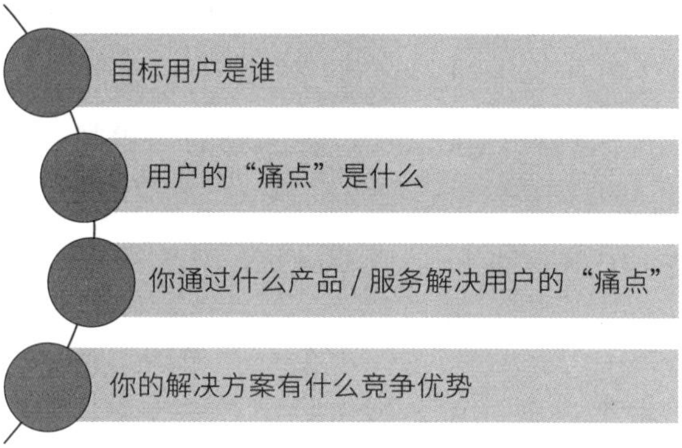

图 4-2　商业计划书中的产品 / 服务介绍要点

1. 目标用户是谁

目标用户就是产品 / 服务是给谁用的（Who），对应的是目标市场。初创公司尤其需要重视目标用户，因为他们的“痛点”更加强烈，强烈到主动寻找问题的解决方案。

如果把握住目标用户，你的市场就奠定了坚实的基础。种子用户会迅速通过关系链口碑传播，帮助你占领目标市场。

2018 年 5 月，小米提交的招股书显示，MIUI 系统已经拥有 1.9 亿个月活跃用户。这与小米在创业初期，借助种子用户的口碑传播的作用是分不开的。

为了表达对最初的 100 个用户的感激，小米曾拍摄了一部《100 个梦想的赞助商》的微电影。由于小米对种子用户的辛勤耕耘，实现了从 100 个到 1.9 亿个目标用户的飞跃，也积累了 MIUI 系统的良好口碑。

那时，小米创始人雷军每天都会抽出一小时的时间回复微博上的评论，并要求小米的工程师也要按时回复论坛上的帖子。据统计，小米论坛每天有实质内容的帖子大约有8000条，平均每个工程师每天要回复150个帖子。而且，在每一个帖子后面，都会有一个状态，显示这个建议被采纳的程度以及解决问题的工程师ID，这给了用户被重视的感觉。

此外，和其他论坛进行纯线上交流不同，小米还主办了一个强大的线下活动平台——同城会。小米官方每两周都会在不同的城市举办同城会，根据后台分析各城市的用户多少来决定同城会举办的顺序，然后在论坛上登出宣传帖，每次活动邀请30～50个用户到现场与工程师进行面对面交流。同城会活动极大地增加了小米用户的黏性和参与感。

除了营造参与感，小米还将积极与用户交朋友打造为一种小米的公司文化。这种全员行为赋予了一线员工很大的权力，例如，在用户投诉或有不满意的时候，客服有权根据自己的判断自行赠送贴膜或其他小配件。

小米还非常重视人性服务。曾经有用户打来电话说，自己买小米手机是为了送给朋友，朋友拿到手机还要去自己贴膜，这有一点麻烦。于是在配送之前，小米的客服在订单上加注了送贴膜一个，让用户感受到了小米的贴心。

小米还通过成立“荣誉开发组”赋予小米用户权利，让他们试用还没有正式发布的开发版小米手机，甚至还可以参与绝密产品的开发。尽管这种方式对小米来说存在一定风险，但给了用户极大的荣誉感和认同感。

2. 用户的“痛点”是什么

产品所满足的用户需求对应的就是用户“痛点”，简单来说，“痛点”就是用户在正常的生活中遭遇的麻烦、纠结和抱怨，如果不能将问题解决，他们就会陷入一种负面情绪中，产生痛苦。

因此，用户需要一种解决方案化解自己的“痛点”，使自己的生活状态恢复正常，产品就是因为化解了“痛点”才被用户所使用。

阿里尔·杰克森（Arielle Jackson）曾在谷歌公司工作了 9 年，掌管着 Gmail、Docs、Calendar、Voice 等产品的营销工作，有着丰富的产品营销推广经验。他认为：“市场上的产品有很多，但是用户需求是有限的。创业者只需要针对一个用户‘痛点’，满足这部分用户的需求。”

3. 你通过什么产品 / 服务解决用户的“痛点”

产品 / 服务就是发动机，只有让投资者充分认识产品 / 服务，才有可能引起投资者的兴趣。如果产品好，用户数量惊人，投资者会将钱主动送到你面前。

商业计划书中，主要介绍你的产品 / 服务如何解决了目标用户的问题，解决方式是什么，选择这种方式的理由是什么，特点是什么，你有哪些资源，成本如何，用户量与用户转化率怎么样，有无壁垒等。

亚马逊早期的产品 / 服务陈述是非常典型的：针对互联网用户，为那些热爱书的人提供便捷、低廉和选择多样化的即时服务。与传统书籍零售商不同，亚马逊是一家在线零售书商，能够即时提供超过 110 万本书。

4. 你的解决方案有什么竞争优势

相比较竞争对手的市场位置，你的解决方案——产品 / 服务有什么优势或者差异化价值呢？回答竞争优势或者差异化价值的问题时，要把重点放在壁垒上。产品 / 服务的壁垒越坚固，投资者的评分越高。

4.1.4　商业模式：项目的赚钱模式和优势

投资者的投资目的是获得财富增值，所以产品的商业模式是投资者格外关注的一部分内容。商业模式的本质是“利润 = 收入 – 成本”，我们要用简洁清晰的逻辑将其表达出来。

投资者不是普通用户，他们深谙商业的竞争规则，不需要听常识性解释，只希望直接、清楚地看到创新点。具体可以从 3 个方面着手，如图 4–3 所示。

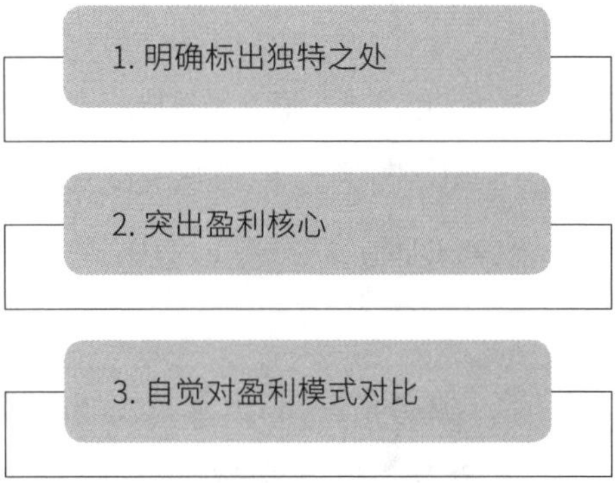

图 4–3　如何直接、清楚地表达创新点

1. 明确标出独特之处

投资者最希望看到创业项目中所提供的独特之处，例如，产品或服务等要素。这些独特的产品和服务一方面向用户提供额外的价值，另一方面有利于获得更多的用户。

沃尔玛就是以低价格、多品种的优势为主要盈利模式，专门为人们提供质优价廉的产品和服务。这种盈利模式在世界范围内拥有较强的竞争力，所以，沃尔玛能够不断地发展壮大。

如果创业项目中也具有其他项目不具备的特色，就能够让投资者预测出其项目良好的发展前景，从其盈利模式中看出投资的回报率较高，这样，就能够提高投资者投资的概率了。

2. 突出盈利核心

公司在其成长的过程中，都会有自身独特的盈利模式，创业者通过向投资者展示自己的盈利模式来获得投资，在这一过程中，为了使盈利的模式更加清晰，创业者需要在其展示时，将项目盈利的核心进行重点突出。

这些盈利的核心包括很多方面，例如，公司在经营中所依靠的过硬的科技创新能力、产品的不可替代性、低成本下的高质量产品、对客户的真诚服务等。

凭借这些盈利核心要素对风险投资者进行说明，更能够让自己的融资项目有清晰的盈利模式，使融资项目获得投资者的青睐。

3. 自觉对盈利模式对比

创业者如果能够通过自身对盈利实践的总结，将自身的盈利模式和其他的盈利模式做对比分析，说明自己的盈利模式的优势，让盈利模式更加清晰、明确，就能够让投资者对融资项目的盈利模式有更深的了解，进一步获得投资者的好感，增加融资成功的可能性。

4.1.5 竞争分析：市场竞争环境 + 自身竞争优势

一方面，在商业计划中对竞争分析的介绍体现了创业者对市场的深刻认识，体现出创业者能够正确地识别直接的或者潜在的竞争对手；另一方面，通过竞争分析可以减少投资者的不确定性，投资者自己也会思考，根据自己掌握的消息进行判断。

竞争分析主要包括 3 个方面，如图 4-4 所示。

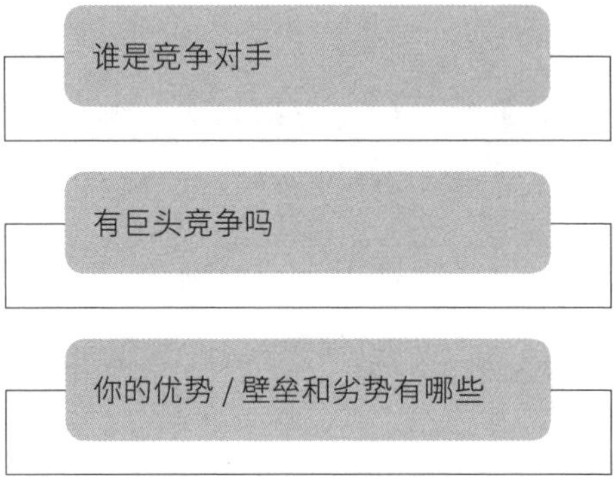

图 4-4 竞争分析内容

1. 谁是竞争对手

在做竞争分析之前，创业者首先要找到一个合适的竞争对手。

第一步是选择竞争领域，对市场进行细分，选择自己定位的细分市场。与此同时，竞争对手也就锁定在这个细分领域中。

第二步是选择竞争目标，公司对未来发展的预期决定了公司为之奋斗的目标。阻碍公司向前发展，与公司有相同目标的就是公司的主要竞争对手。

2. 有巨头竞争吗

巨头情况是必须要关注的，你的市场有巨头吗？是不是有多家巨头？如果有巨头垄断，需要谨慎。如果巨头互相残杀或者无暇顾及，那么可以抓住机会。

从业务层面上看，创业者会尽可能避免与巨头公司的业务有重叠度，但对于投资者来说，如果与巨头的上下游相关，那也可能与巨头成为竞争对手。

以电商为例，仅仅是品类上的差异是不够的，因为巨头有充足的资金调整团队结构、业务方向以及产品品类。创业者如果选择将巨头当作竞争对手，试图分得一杯羹，那么创业风险会非常大。

3. 你的优势 / 壁垒和劣势有哪些

竞争优势与劣势分析可以对自己和竞争对手有一个清醒的认识，不仅有利于创业公司在竞争中处于主动地位，还能因此给投资者留下思虑全面的印象，有助于成功拿到投资者的投资。

在分析时，大家可以采用 SWOT 分析的方法，将所面临的市场优势和劣势进行全方位的分析和掌握。一般应特别注意从两个方面进行客观比较分析。如图 4–5 所示。

图 4–5　竞争优势 / 劣势的分析方面

一般情况下，公司之间的竞争就是在产品和服务层面展开的竞争，不过公司最在乎的是产品竞争。

竞争分析应当从产品定位、市场定位、成本及价格、广告投入、发展趋势等方面进行。如果是针对专业服务类公司，对手的主要服务对象、服务范围以及服务水平都是值得分析、比较的内容。

竞品当然越少越好，竞品太多或者太强大时，创业者要先想想怎样将项目做下去，在竞争中取胜，然后才能用自己的思考成果说服投资者。

乔布斯在初创 Apple 时就是因为考虑到戴尔、康柏等大型办公电脑公司的竞争，为了差异化竞争从而转变苹果电脑的产品定位的。

竞争优势与劣势分析还可以在公司经营层面进行比较。比如，通过公司战略和经营行为的思想、关键财务数据对比、人力资源政策对比等体现你的公司的竞争优势。

4.1.6　里程碑数据：阶段性成功展示

里程碑数据包括注册用户数量、活跃用户数量、网站人均浏览次数、官微粉丝数、传播效果、收入、利润、平均客单价等，这些是商业计划中最有说服力的部分，是产品以外最直观的体验。

创业者应当在融资之前尽早开始接触用户，这样才能将产品在市场中初步验证的情况告诉投资者，使之成为项目优质的有力证明之一。

创业者可能会因为开始阶段用户量、访问量小，所以不愿意引用数据。事实上，找出里程碑标志的关键数据可以加深投资者的印象，这比单单用文字说明会有用很多。

4.1.7　融资金额：讲明种类和对应数值

在商业计划书中，创业者对初创公司的估值以及出让多少股权都必须写出来。创业者的需求是估值越高越好、股权出让比例越低越好，而投资者正好相反。估值和出让比例是可以人为调整的，创业者和投资者因此具有了博弈的空间。

关于融资金额，需要具体到数值，是美元还是人民币。例如，区分融资的币种报告，是人民币还是美元，如果公司优先接受美元，对人民币也能够接受，就可以在金额后标注美元，在美元之后加一个括号，注明“或等值人民币”的字样。

4.1.8　融资规划：资金未来的使用计划

创业者必须将本轮融资的具体用途进行重点说明，尽可能地将用途说详细，最好可以将资金的使用情况细化到具体的项目，这样更能使资金使用计划翔实、有力，更吸引投资者的兴趣。

这部分内容需要创业者根据审慎思考的业务拓展计划制订具体的资金使用计划，要充分体现创业者的战略规划能力，同时也要体现创业者花钱的能力。

融资规划的时间段应当是资金到位后公司未来3～5年，花钱的节奏和花钱的结果都应当一目了然。简单、有漏洞的融资规划会令投资者提高警惕，所以必须要认真制订。

（1）资金需求说明，包括资金的总量、用途和使用期限。其中资金用途主要在开展项目、扩展公司业务、升级核心团队、优化商业模式方面，应当写清楚具体的财务规划。

（2）资金使用计划及进度，就是花钱的节奏问题，让投资者心里有底。例如，使用资金至少一年半，根据达到市场目标和团队管理成本的情况划分使用进度。

（3）在投资形式中，需要为投资者列出投资贷款、利率、利率支付条件、转股（普通股、优先股、认股权以及对应价格）等内容，帮助投资者更好地了解自身将会得到的投资反馈。

（4）资本结构。

（5）回报/偿还计划。

（6）资本原负债结构说明，包括原来每笔债务所产生的时间、条件、抵押、利息等信息。

（7）投资抵押是公司在经营过程中是否存在抵押的情况，如果存在，其抵押品的价值如何；在定价时，所依凭的根据有哪些，如果有必要，还需要提供定价的凭证。

（8）投资担保包括两个部分，一部分是公司是否存在抵押的情况，另一部分是公司的担保者财务报告。

（9）吸纳投资后股权结构。

（10）股权成本。

（11）投资者介入公司管理之程度说明。

（12）报告。

以上，就是商业计划书中融资规划所需要具备的主要内容，在实际的撰写过程中，需要根据投资者的意愿，对其进行灵活的删减和添加，保证让投资者满意。

4.2 瞄准投资者关注的重点内容

商业计划书的重点是满足投资者的目标和回报，而不是你的故事或你的需求。每一个投资者决定投资一个项目主要是为了赚钱，只有项目预期回报高，投资者才有可能考虑投资。所以，在商业计划书中，我们需要将投资者的关注因素——核心回报、股份比例、收益分配、退出机制展示出来。

4.2.1 回报来源：估值 + 股权 + 收益

投资者最关注的就是核心回报，其来源主要有 3 种，如图 4–6 所示。

首先来说估值，当项目估值发生巨大增长以后，投资者所投入

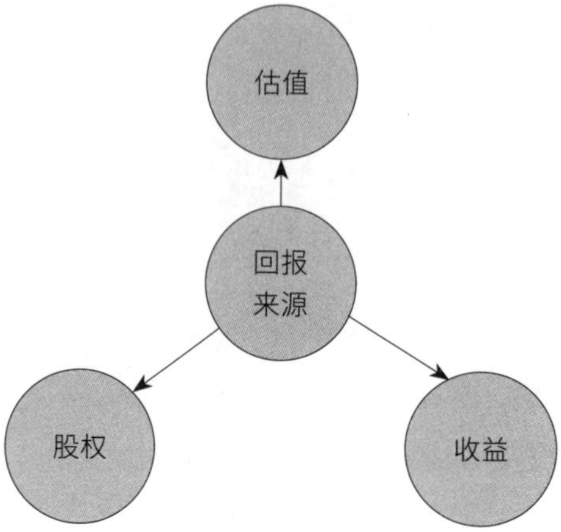

图 4-6　三种主要核心回报来源

的资本也就增长了。这时候，投资者可以上市套现。即使公司没有上市，投资者还可以在后续融资中实现退出，完成收益锁定。因此，在撰写商业计划书的过程中，创业者需要将这一部分内容写进去。

“独角兽”这个概念是 2013 年美国著名 Cowboy Venture 投资者 Aileen Lee 提出的，定义为全球成立不超过 10 年但估值迅速增长超过 10 亿美元的新生态公司。

CB Insight 提供的数据显示，截至 2018 年 12 月 31 日，全球独角兽总数达到 313 家，这些公司无疑是投资者寻找估值快速增长、获得回报的核心目标。

截至 2018 年，蚂蚁金服自成立以来共进行 3 轮融资，融资额持续高涨的同时，市场估值更是一路飞升。2015 年 7 月 A 轮融资 18.5 亿美元，市场估值超过 450 亿美元；2016 年 4 月 B 轮融资达到 45 亿美元，估值为 600 亿美元；2018 年 6 月 C 轮融资高达 140 亿美元，市场估值达到 1500 亿美元，成为全球估值排名第一的独角兽公司。

4.2.2 股份比例：和投资金额成正比

创业者融多少钱，出让多少股份直接关乎投资者投多少钱，换多少股。确定创业公司需要的融资金额以后，就可以根据公司估值确定投资者可以换多少股，即股份比例 = 投入资金 / 估值。

确定好股份比例后，会在后面的投资条款中标明，如："公司设立完成后，投资者以人民币 ××× 万元的投资后估值，对公司投资 ××× 万元人民币进行溢价增资。增资完成后，公司注册资本增加为 ××× 万元，投资者取得增资完成后公司 ××% 的股权。"

4.2.3 收益分配：明确收益，保证公平

收益分配是将公司实现的净利润按照一定的形式和顺序在公司和投资者之间进行的分配，这会直接关系到投资者的利益，是他们非常关注的一部分。

因此，在撰写商业计划书时，创业者需要将这一部分展示出来。那么，收益分配包括哪些内容呢？具体如图 4–7 所示。

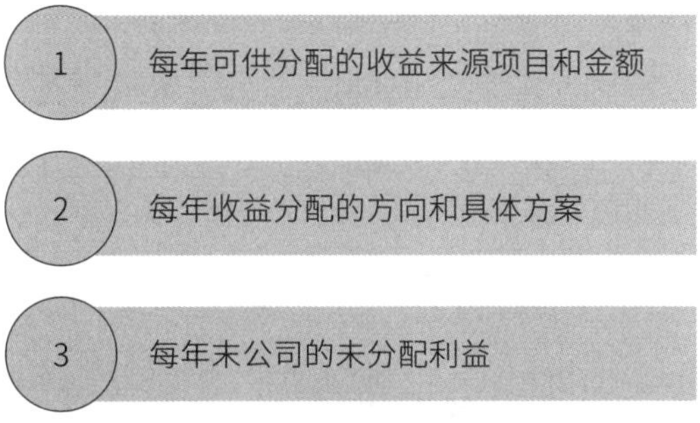

图 4–7 公司收益分配制度的内容

1. 每年可供分配的收益来源项目和金额

公司可供分配的收益由以下 3 部分组成。

（1）本年实现的净利润：是可供分配收益中的重要来源，它和损益表中披露的年度净利润应保持一致。

（2）年初未分配利润：是指截止到上年末累计的未分配利润，构成可供分配利润的重要组成部分。

（3）其他转入：主要是指盈余公积转入。当公司本年度没有利润，年初未分配利润又不足时，为了让股东对公司保持信心，公司会在遵守法规的前提下，将盈余公积转入参加利润分配。

2. 每年收益分配的方向和具体方案

根据《中华人民共和国公司法》等有关法规的规定，股份有限公司当前收益应按照下列顺序进行分配：弥补以前年度亏损；提取法定盈余公积金和公益金；支付优先股股利；提取任意盈余公积金；支付普通股股利；转为资本（股本）的普通股股利。

这一顺序是不能颠倒的，也就是说，在公司以前年度的亏损未得到完全弥补前，不得提取法定盈余公积金和公益金；在提取法定盈余公积金和公益金以前，不得向投资者支付股利和利润；支付股利的顺序必须是先支付优先股股利，后支付普通股股利。

3. 每年末公司的未分配利润

公司本年实现的净利润进行了上述分配后，仍有余额，即为本年的未分配利润。本年未分配利润加上上期未分配利润的合计数，即为本期末未分配利润累积数。

4.2.4 退出方式：明确退出机制和规划

退出机制是实现投资者资金循环流动的有效途径，在商业计划书当中，这一部分经常被放在最后介绍。一般来说，退出机制主要包括两项内容：方式、条件，具体可参照以下案例。

A 公司认为，投资者不需要长期持有公司的股份，可以在满足条件的情况下，按照自己的意愿适时退出，拿到自己应该获得的利益。总之，A 公司一直以实现投资者资本增值的最大化为宗旨。

经过 A 公司董事会的认真讨论，决定投资者在 A 公司的持股时间至少要在两年以上，两年之后，就可以通过适当的方式退出。退出的时候，要严格按照国家的法律法规执行，如果要提前退出，投资者需要与 A 公司进行协商，由双方共同解决。

A 公司为投资者准备了三种退出方式：IPO（首次公开发行）、股份出售、公司并购，其中最成功、回报最多的是 IPO。为了保证投资者能够以这种方式退出，A 公司将致力于创业板上市。

具体战略规划是：2021 年实现股份制改造；2022 年可以达到上市标准，成功在创业板上市。A 公司将时刻关注创业板的市场情况，与证券界保持密切的联系，争取达成在 2022 年上市的目标。到了那个时候，投资者可以成功从 A 公司中退出。

该退出机制将退出方式展示得比较清楚，而且直接告诉投资者哪一个最合适，这是非常大的亮点。另外，A 公司还将上市的战略规划和措施都展示在商业计划书当中，投资者可以由此看到自己退出的希望，这是比较能吸引他们的一点。

第 5 章

挑选合适的投资人，志同道合才能长久合作

虽然寻找投资人是一件不容易的事，但并不是所有的投资人都要照单全收。选择合适的投资人是一门大学问，公司只有与合拍的朋友一起“玩”，才能获得 1+1>2 的收益。

5.1 如何选择：把握 4 个关键点

什么样的投资人才是优质投资人呢？他不仅要有钱，还要有行业资源和经验，最好能与公司同甘共苦，为公司的未来发展提出建设性意见。

5.1.1 资源比名气更重要

融资不是“空手套白狼”，几乎所有的投资者都会带着一定的资

源来和创业者谈论相关事宜。这也是投资者应该有的基本诚意。但是，口头上承诺的资源并不可信。为了确保万无一失，我们应该提前问清投资者可以提供的资源，判断他是否靠谱。

一次偶然的机会，吴军在火车上认识了张文龙。因为两人的人生观、价值观都非常相似，所以有很多共同话题。直到到达目的地，两人似乎还有很多话没有说完。于是，两人互留了联系方式，准备进一步深交。

过了一段时间以后，吴军发现了一个不错的项目。但苦于资金不足，迟迟未能开展这个项目的运作工作。某天，吴军像往常一样拨通了张文龙的电话。在交谈的过程中，吴军把自己的苦恼和张文龙说了出来。没想到的是，张文龙激动地说："你怎么不早说呢？这么好的项目应该尽早着手运作，如果晚了就有可能被别人抢先。资金我有，算我给你投资。以后再需要什么资源，也可以随时和我说。"

听到这番话之后，吴军非常高兴，心里觉得这个朋友真是交得太值了。于是，两人约定面谈投资事宜。在交流的过程中，张文龙一直表示资金和资源都不是问题，他可以提供。但是，他要占公司 70% 的股权。吴军想了想，答应了。

资金到位后，吴军的项目很快就运作起来了。由于吴军有着非常丰富的经验，因此不久之后，项目就开始盈利了。

为了扩大业务范围，吴军想让张文龙提供一些人脉，发动更多的人宣传产品。但是张文龙并没有认识很多朋友，无法提供人脉方面的资源。而且就在这时，张文龙还迫不及待地提出要按照股权比例分配公司的盈利。这种两难的境地让吴军无所适从，不知道应该怎么办。

其实，如果吴军在最开始时就向张文龙确定可以提供的资源，如人脉、场地、设备等，并且白纸黑字地写下来，就不会出现这种情况。

融资不是玩游戏，也不是“小孩过家家”，而是涉及利益和公司发展的事情。如果我们相信了投资者的一面之词，认为他可以提供各种各样的资源，轻则会导致公司运营面临困境，重则会使自己遭受经济损失。所以，在融资之前，我们一定要了解投资者可以提供的资源，确定实际情况与其所说相符之后，才可以考虑与其合作。

5.1.2 行业专业知识必不可少

在对投资者有了一定的了解之后，创业者就可以在此基础上，根据资产和资源的需求筛选出对行业有深刻理解的投资者。很多时候，投资者不只是简单地为创业者提供资金，他们还有丰富的投资经验。如果遇到了专业、懂行的投资者，那么创业者不仅可以获得资金、管理上的帮助，还可以获得基础设施建设、发展战略等方面的帮助。

看投资者是不是对行业有深刻理解，需要创业者与之沟通，向他们请教问题。例如，当你问一个投资者“您平时重点关注哪些领域”时，大多数投资者的回答听起来都很机智：“移动互联网、O2O、大数据、智能硬件，这些我都有关注。”总之，他们的回答会尽可能地笼统，以防止自己错失了好项目。这个回答对投资者是有利的，但是对创业者就不那么实在了。

经过观察和众多实例证明，投资者要是足够专业，那么他会对行业有详细分析和研究，让你看到他想要投资的诚意，而不是敷衍。如果是大型的投资机构，我们可以从组织机构上看出其是不是专业。一些投资机构有专属的市场营销部门，还有专门负责处理外部信息和各种投资组合的部门。

对于公司来说，处理外部信息的部门可以帮助创业者搞定新闻宣传等工作；而那些处理投资组合的部门则对行业更加了解，可以帮助创业者优化公司各个部门组合，使之互相提升。所以，在遇到这种优秀的投资机构时，创业者要把握机会，因为他们是非常专业、懂行的。

5.1.3 良好品行是合作的保障

能参与投资的人很多，但真正能与创业者同甘共苦的寥寥无几。在我们的生活中也有“过河拆桥”的人。有的人利用创业者的优势让自己的事业走上轨道后，就收购其股权，将其抛弃。一旦与这样的人合作，创业者的努力很可能就会付诸东流，甚至沦为别人创业的工具。

因此，在选择投资者时，一定要把人品放在第一位，坚决不能让人品不好的投资者钻了空子。如何才能判断投资者的品行呢？最佳的办法就是走进他的圈子，看他的朋友、同事对他的评价和看法。我们可以从 5 个方面了解投资者的品行，如图 5-1 所示。

第一点，投资者要坚守承诺，信誉良好。

在公司创建初期，诚信起着至关重要的作用，它甚至决定着创业的成败。如果投资者不守信用，反复无常，往往会给公司带来毁

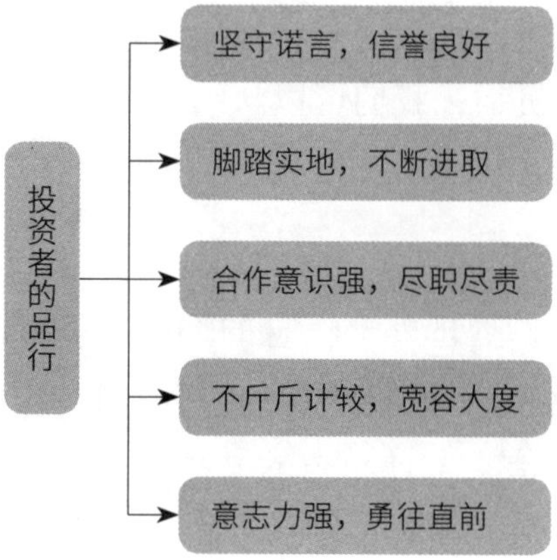

图 5–1　投资者应具备的五个品质

灭性的打击。所以，创业者在选择投资者时，一定要擦亮眼睛，多方打听投资者在信用、道德方面的问题，以免让居心不良者发现可乘之机。

第二点，投资者要有脚踏实地、不断进取的精神。

在优胜劣汰、适者生存的商业竞争中，一个不思进取的人早晚会被淘汰。创业者拥有一个务实、肯干、能吃苦的合作伙伴，就会使公司变得更强大。

同时，创业者还要让合作团队时刻保持新的生命力，不断地让优秀的投资者加入，不断新陈代谢，保证自己创业团队是最优秀、最有战斗力的，这样才能把公司做得更大、更优秀。

第三点，投资者的合作意识必须强，要尽职尽责。

事业成功不是一个人单打独斗就能实现的，需要很多人通力合作。

合作意识强的投资者会让工作更加有默契。拥有合作精神的投资者，并不需要创业者与之进行太多交流，可能创业者的一个动作、一个眼神，他们就能心领神会。有合作精神的投资者还能够时刻为对方着想，在问题发生时，懂得问自己做错了什么、还能做什么，而不会将责任推给其他人，埋怨其他人。

第四点，投资者不能斤斤计较，要有宽容大度的品质。

斤斤计较的合作者总是把辛苦的工作推给搭档，自己挑轻松的做。斤斤计较的人缺乏大局观，往往会因团队成员做错一点小事而大发脾气。选择一个宽容的投资者，会让合作变得很和谐。

宽容大度的投资者能够按照公平分工的约定，坚决执行工作，不会斤斤计较。例如，有时搭档身体不适或者有急事抽不开身，其愿意为搭档多分担，自己多做一些工作。宽容大度的投资者心态通常比较好，即便多接了工作，也不会因为搭档接的工作少而觉得不公。宽容大度的投资者记得把荣誉归于群体，自己受到表扬，会说是大家共同努力的成果，如有物质奖赏，也会让大家分享。宽容大度的投资者没有私心，总是把合作所得利益放在首要位置，也不会私下独吞工作成果，将所有利益归己。

第五点，投资者要具备意志力强，勇往直前的特征。

找一个意志力强的人合伙创业，创业者不仅会轻松很多，而且创业道路也会变得更加顺畅，即使在创业过程中遇到困难，只要与其齐心协力，便能共渡难关。反之，如果找一个意志力薄弱，遇到困难就想打退堂鼓，总是让人泄气的人合伙创业，那创业之路肯定不会成功。总之，只有具有“不抛弃、不放弃”精神的人才可能会是一个合适的合作伙伴。

5.1.4 具备前瞻性的投资者更有远见

股权投资事业与商业领域的哲学有关，需要投资者看趋势，具有未来感。很多经验丰富的著名投资者都将思维拨到了 3 ~ 5 年以后，他们思考的是未来，所有的体系也都建立在这一点上。

具有未来感的投资者从来不会在乎投资项目现在是否盈利，他们愿意帮助创业者是因为他们看好项目未来的巨大成长。美国纽约的顶级风投人弗雷德 · 威尔森（Fred Wilson）就是一个具有未来感的投资者，非常受创业者欢迎。他认为，未来行业与投资的 3 个大势分别是社会结构的网络脱媒化、产品和服务的定制化以及每个人的节点化。他在选择项目时非常注重大势对整个社会的影响，通过把握未来大势，他还建立了一个寻找与大势相符的投资项目的思考框架。

弗雷德 · 威尔森提到的第一个大势是网络脱媒化。他认为："旧式结构现在还可以工作，只是在当今后工业化时代显得效率低下而已。大家已经看到这一大势在媒体行业的显著影响，在其他行业，去层级趋势也已经逐步显露出来。例如，Airbnb（旅行房屋租赁社区）对酒店业的影响、Kickstarter（专为创意产品项目融资的众筹平台）对创意行业的影响以及 Codecademy（在线学习编程知识网站）和 Duolingo（语言学习平台）对培训业的影响。"

弗雷德 · 威尔森提到的第二个大势是产品和服务的定制化。在工业化大生产时代，将产品和服务打包销售给用户是最有效率的方法。然而，现在通过产品目录获得最佳的服务项目是人们对各个行业运营模式的期待。弗雷德 · 威尔森称："新闻业、包括借贷和资产管理在内的银行业、受到在线课堂冲击的教育业、服装业、餐饮业、娱乐业等都经历着这一趋势。"

例如服装类 App，因为服装的颜色、款式、尺寸等都是比较灵活的，每个选项可以为用户提供多个选择。再如，用户可以利用 21cake 推出的 App 随时随地订购蛋糕，并根据个人需要指定送达地点。客户可以选择蛋糕的不同口味、不同形状，并且可以在蛋糕上写上专属的字符。

弗雷德·威尔森提到的第三个大势是每个人的节点化。智能手机的普及将所有人都变成了网络中的一个节点。作为网络中的一个节点，每个人都可以在任何时候非常轻易地联系到另一个人，这是当前最明显的一个大势。

弗雷德·威尔森表示："打车应用 Uber 就是在这种大势中发展壮大起来的。另外，移动支付和约会应用（例如 Tinder）也都将受益于这个趋势。"

弗雷德·威尔森通常都是根据以上 3 个大势选择投资项目的。他每年的投资项目只有一两个，与其他投资者相比算是非常少的。他所在的 Union Square Ventures 公司每年投资的项目也不多，大约为 10 个。

弗雷德·威尔森认为，符合上述大趋势的创业公司有 3 类，内容如图 5-2 所示。

图 5-2 符合大趋势的创业公司种类

弗雷德·威尔森非常看好数字货币的发展。他认为："未来的几年里，企业家们将通过区块链发展出大量的顶级新技术和服务。"

查理德·布兰森还说："在振奋人心的货币革命中，消费者将会持续建立对数字货币的信心，推动数字货币的发展。"

弗雷德·威尔森认为，健康护理类创业公司也是值得投资者关注的一类公司。以 Union Square Ventures 投资的健康护理公司 Human Dx 为例，该公司提供健康护理行业合作的解决方案与上面提到的三个大势有很多相符点。

另外，数据泄露整治类公司也是投资者应当重点关注的领域。弗雷德·威尔森说："工业革命带来了工业污染，但人们意识到治理污染已经是一个世纪之后的事情了。在信息革命正在进行的当下，数据泄露也造成了一种污染。谷歌这样的互联网公司正是利用了这些泄露出来的数据才能监控人们的行为。当你允许谷歌成为你的身份提供商时，你就已经把自己的一举一动都暴露在了谷歌面前。"

弗雷德·威尔森认为，未来会出现一种互联网协议，保护用户的身份信息、隐私和数据，使其不会被任何机构所利用。因此，数据泄露整治类公司是符合大势的领域之一。

5.2 如何约见：见到才有机会

在正式谈判之前，创业者需要多约见几个合适的投资者，以便为融资增加更多的备选方案，使自己掌握更多的主动权。常用的约见投资者的渠道有四个：入驻孵化器或者联合办公场地、通过人脉资源引荐、找一些靠谱的融资平台、抓住社交媒体上的投资者。

5.2.1 借助孵化器或联合办公场地：接触投资者

在约见投资者时，对于创业者，尤其是缺乏人脉资源的创业者来说，孵化器、联合办公场地是不可忽视的渠道。它们可以为新成立的技术型中小公司提供基础设施和一系列的服务支持，从而降低创业风险和创业成本，提高创业成功率。

创业者可以带着自己的团队入驻孵化器或者联合办公场地，从中接触到投资者，这样就可能让投资者投资自己的项目。目前一些比较优质的孵化器、联合办公场地如表 5-1 所示（排名不分前后），创业者可以根据项目的具体情况进行选择。

表 5-1 优质的孵化器、联合办公场地

序号	孵化器、联合办公场地	属性
1	3W 孵化器	创业综合服务平台
2	太库	创业综合服务平台
3	桔子空间	以联合办公场地为主的创业服务品牌
4	科技寺	创业综合服务平台
5	头条号创作空间	今日头条旗下新媒体创业加速器
6	微软创投加速器	微软旗下孵化器
7	氪空间	36Kr（氪）旗下创业孵化器

续表

序号	孵化器、联合办公场地	属性
8	NEXT 创业空间	互联网孵化器机构
9	优客工场	主打创业的共享办公空间

这些孵化器、联合办公场地对于创业者找到投资者是非常有效的，可以帮助创业者直接接触投资者。当创业者在投资者面前展示自己时，获得融资的可能性就会大幅度增加。不过利用孵化器、联合办公场地寻找投资者是一个比较缓慢的过程，需要创业者耐心等待。

如今，大多数孵化器、联合办公场地都是由非营利性组织和投资机构创建的，为中国的创投事业做出了很大贡献。在中关村创业大街的车库咖啡、3W 咖啡等孵化器内，每天都会有一些投资者出没。如果创始人眼力好，很容易碰到愿意掏钱的投资者。当然，要想顺利融资，前提就是做足功课，保证言之有物。

5.2.2 通过朋友引荐：找到更可靠的投资者

如果有人信任你，愿意将自己的人脉资源引荐给你，这意味着他愿意为你的表现承担风险与连带责任，这种信任是非常珍贵的。如果你不愿意入驻孵化器或者联合办公场地，那么就可以通过朋友引荐的方式来约见投资者。

聚美优品是徐小平比较成功的投资项目，为其带来了数千倍的回报。聚美优品创始人陈欧就是在朋友的引荐下才认识徐小平的。

在陈欧为游戏对战平台 Garena 寻找投资者时，他的斯坦福校友、兰亭集势创始人郭去疾就决定把徐小平引荐给他。见到陈欧之后，徐小平立即决定为 Garena 投资 50 万美元，占股 10%。不过，当时因为学业问题，陈欧并没有拿徐小平的投资，此次融资也就不了了之了。

两年后，陈欧留学归来，又一次遇到徐小平。在陈欧简单介绍了自己的游戏广告项目后，徐小平没有任何疑问，投资了 18 万美元，甚至还将自己在北京海淀区的房子低价租给陈欧作为办公场地。

随着市场的变革与创新，陈欧发现线上化妆品是一个不错的发展方向，而且还缺少权威性的公司。于是，陈欧在做着游戏广告项目的同时，上线了团美网（聚美优品的前身）。团美网凭借自身正品、平价的优势，通过口碑相传，在短期内发展迅速，而后更名为聚美优品。随后，在徐小平的支持下，陈欧将之前的游戏广告项目全部停掉，专注于聚美优品的发展。

陈欧借助朋友的引荐找到他的投资者徐小平是极其幸运的。如果没有徐小平，谁也不知道会不会有聚美优品。

如果你正在寻找投资者，那么就应该尽可能将这一信息传播到人际交往圈子里。不管是你的家人、朋友还是同事，他们都有可能为你引荐投资者。对投资者来说，如果你的引荐人恰好是他的熟人，他们会更愿意投资，这就是信任的力量。

5.2.3 借助融资平台：吸引投资者

就现阶段而言，通过人脉资源引荐找到投资者的创业者毕竟是少数，一些“草根”创业者并没有这样的机遇。那么这时，融资平台的作用就可以充分发挥出来了。创业者可以将自己的项目放到免费的融资平台上吸引投资者。目前一些比较优质的融资平台如表5-2所示（排名不分前后），创业者可以根据需要自行选择。

表 5-2 比较优质的融资平台

序号	融资平台	属性
1	腾讯创业	腾讯旗下的创投领域综合服务平台
2	IT 桔子	创投行业产品数据库及商业信息服务提供商
3	NEXT	36Kr（氪）旗下的类 Product Hunt 产品
4	Demo8	创业邦旗下新产品分享交流平台

在将项目放到融资平台之后，我们就需要做好营销。营销方式有很多种，例如，病毒式营销、媒体采访等。快看漫画 App 的创始人陈安妮曾经依靠文章《对不起，我只过 1% 的生活》刷爆朋友圈，并且获得了几十万的种子用户和首轮融资。

所以，如果有能力做营销的话，我们一定要试一试，正所谓“谋事在人，成事在天”。另外，走传统道路也是约见投资者的途径。例如，将项目发布在虎嗅、创业邦等媒体上，这些媒体的曝光量是非常大的，或许会有投资者因此看到你的项目，并且愿意投资。

营销方式多种多样，我们可以多尝试，或许就会有意想不到的结果。无论是使用融资平台，还是采取各种各样的营销方式，目的都一样，那就是找到适合自己的投资者。一般来说，使用的营销方式越多，波及的范围越广，找到投资者的概率就越大。

5.2.4 借助社交媒体：私信投资者

如今，互联网越来越发达，5G 都已经出现并获得了良好发展。在这样的趋势下，线上联系投资者的方式被使用得越来越频繁，如，私信社交媒体上的投资者。一般来说，很多知名投资者的微博、抖音、论坛等社交媒体都是对外公开的，创业者可以利用这些社交媒体的私信功能与其进行交流，以争取获得其青睐。

在私信投资者时，创业者应该编辑好内容，将公司和项目的大致情况介绍一下。而且还要让投资者知道，这些内容是专门发送给他的，并不是统一的模板。当然，创业者也可以直接将商业计划书私信给投资者，不过前提是商业计划书的质量足够高。

除了公开的社交媒体以外，创业者也可以利用微信、QQ 等比较私密的社交媒体。当然，这需要创业者具备较为丰富的人脉资源。众所周知的《大圣归来》就是依靠微信拿到了 780 万元的资金，才得以顺利发行，并获得高票房的。

在上映之前，《西游记之大圣归来》（以下简称《大圣归来》）已经筹备了近 8 年的时间，团队的压力非常大。作为电影的出品人，路伟表示，如果按照老套路来运作，《大圣归来》的票房顶多 1 亿元。业内很多资深人士更悲观，预估票房最高只能到 8000 万元。

在这种情况下，路伟想到一个办法：在微信朋友圈发消息为《大圣归来》众筹融资。他用寥寥数语说明《大圣归来》是一部动画片，制作非常精良。而且，路伟还做出了“保底分红”的果断决策，相信电影不会亏本。

出乎意料的是，路伟发了朋友圈之后，当天就有超过 70 位朋友加入了名为“大圣电影众筹”的微信群，4 个小时便募集到 500 多万元的资金。一个星期之后，《大圣归来》共募集了 780 万元，有 89 名投资者参与。他们以个人名义直接入股了《大圣归来》的领衔出品方“天空之城”，直接参与到这部投资合计约 6000 万元的电影中。

路伟通过微信为《大圣归来》项目融资，其成功的原因有一部分来自众人对项目和他本人的信任。如果创业者在业内有一定的名气或者影响力，也具备丰富的人脉资源，那就可以借助社交媒体寻找投资者，这应该是一件相对容易的事情。

5.3 得到认可的秘诀：表达实力和诚意

找到有能力又志同道合的投资者后，创业者需要展示自己的实力以吸引对方入伙。在这个过程中，创业者可以积极推销自己，向投资者展示公司的发展前景，许诺合伙之后投资者能得到的利益。如果到最后投资者还是犹豫不决，创业者应该不再勉强对方。

5.3.1 自我推销，表达自身实力

不论创业者的能力有多么强大，产品概念有多么先进，项目设计有多么优秀，如果不能表达出来让投资者听到、听懂，那么所有的努力就没有意义。因此，学会推销自己就是学会搭建沟通的桥梁，创造成功的机会。

创业者与投资者的选择是双向的，当我们在以自己的标准去审视对方的同时，对方也在打量我们是否合格。想要说服有能力的投资者，创业者要敢于并善于推销自己，用实力赢取机会。

创业者的实力是由过去的经历沉淀得来的，可以在交涉中用实力为自己说话。但是，创业者的能力虽然是客观存在的，却无法在与投资者的短期接触中完全展现。因此，实际上影响投资者评价的是创业者在自我推销中所创造出的形象，展现出的思想、风格与做事态度。

故而在推销自己的过程中，创业者要做到以下两点。

一是全面、客观地介绍自己过去的经历与未来的打算，诚恳表明对投资者的期望。讲述过去经历时不一定要对失败方面避重就轻，坦然介绍失败经历以及自己从中获得的经验与蜕变也能让投资者对你有更多了解。

二是在自我推销过程中始终保持肯定的态度与积极的情绪。如果创业者都不能相信自己，也就没有立场去要求投资者相信他。

情绪会在交谈过程中传递，对方会不自觉地接收你的情绪并在一定程度上影响自己的判断。对投资者来说，拥有浑厚的实力、丰富的创业经历又积极乐观的创业者，无疑会被优先选择。

5.3.2 展示完善的商业计划书

一份优质的商业计划书（Business Plan）是创业者打开资本大门的重要钥匙，也是能让投资者信服、选择合作的开端。一份标准的商业计划书能够从公司的项目背景、财务预算、竞争对手的情况以及产品的优劣、客户的选择趋势等方面，清晰地向投资者展示其能力和对市场的把控。

制作商业计划书的过程是对公司的一次全面体检，创业者首先需要认识到公司的优势以及存在的问题；而且在与同行业以及竞争对手进行横向比较时，创业者应站在更宏观的角度去思考公司改进的方向。

对于公司中存在的问题，创业者在制作商业计划书时不应予以隐瞒，在向投资者讲解商业计划书时也应该坦诚，如此才能收获投资者的信任。

商业计划书的核心是计划，探究计划的可实施性与发展性是主要的事情。创业者在对产品不够了解，对市场不清不楚，对公司发展毫无头绪的情况下很难制作出有吸引力的商业计划书。因此，创业者在加强自身能力的基础上才能做好商业计划书，吸引更有能力的投资者。在制作商业计划书的过程中，创业者要注意以下 3 点。

一是不要太在意自身的利益。不论创业者的策划思路或项目多么优秀，都只是一个还未执行的想法。如果创业者想要招揽投资者，需要明确说明项目能为投资者带来多少利益。若创业者在利益相关问题方面表达模糊，会降低投资者合作的欲望。

二是商业计划书不能太空洞。创业者在制作商业计划书时应认真研究数据，保证内容翔实，如果列举一堆空泛的数据，只会让投资者觉得虚无缥缈，缺乏真实感。总之，没有数据支撑的商业计划书无法吸引优质的投资者。

三是商业计划书必须编排合理，可行性强，回报率高，这对创业者有极强的考验。

制作一份优秀的商业计划书可以在一定程度上说明创业者具备较高的商业素养，熟悉主流的商业模式，并能通过分析大量的数据推敲出一定的结果，这正是吸引投资者的重点之一。

5.3.3 关注投资者的利益，展示诚意

面对心仪的投资者，创业者应拿出诚意，而表达诚意最好的方式就是站在对方的立场为对方着想，给予对方能力范围内最大的利益。创业者必须知道，在衡量是否要进行合作时，利益所占的比重要比感情多得多。

创业的本质是集结创业者与投资者的优势来谋取更大的发展空间，共同抵御风险，分担责任。而在创业之初，投资者可能看不到实际的利益，承担的风险却非常明显。因此，在利益得到保障的前提下，投资者才能全身心地投入到工作中。

在向投资者发起合作请求时，向对方讲解清楚合作事项，让投资者对自己将要做的事情有充分了解。对于投资者来说，这是最起码的尊重。此外，很多创业者只看到自己想从投资者身上得到的东西，却不在意自己能给予对方什么，不解决投资者的诉求问题，合作自然也无法达成。

创业的路上并不是一帆风顺的，利益总是伴随着风险。不同的人对风险的承受能力不同，因此，合伙创业中很容易出现变数。例如，当公司出现危机时，牵涉利益较多的投资者为了保住自身利益想要退出；当公司发展趋势向好时，贡献力量最多的投资者提出想要更多的回报等，这些都是投资者的正常需求。

在选定了投资者后，创业者就要综合考虑投资者的个人因素，站在对方的角度思考其对风险的承担能力，把握合作的规律，为其制定公正的利益分配机制。创业者能够在一定程度上保障投资者的权益，聚焦互惠互利的双赢策略，才能让投资者无后顾之忧，愿意入伙。

投资者想要历练与成长，创业者就重点讲述合作中可能经历的磨炼与机遇；投资者想要利益保障，创业者就列举条理清晰、公平公正的利益分配制度。当投资者感受到创业者的热情，感受到自己的利益被保护，并且在项目中看到可以发展的前景时，还有什么理由不加入呢？

第 6 章

投资条款清单：交易核心内容

投资协议中有很多涉及与公司未来发展至关重要的经济因素和控制因素，如果创业者不曾有融资经验，那么需要多了解相应的知识和技巧。实践证明，对于不懂投资协议的创业者来说，即使投资者在条款上动了手脚，他们也无法察觉，从而造成巨大损失。

6.1 交易结构条款：估值条款 + 投资条款 + 交割条款

在投资协议中，最核心、最重要的就是交易结构条款，交易结构条款主要包括估值条款、投资额度、交割条件。对于这些条款，创业者和投资者是非常关注的，因为这深刻影响了他们的利益。

6.1.1 估值条款：投前估值和投后估值

估值条款是投资协议中必不可少的内容，该条款有两个关键点，首先是估值的计算，然后是对投前估值还是投后估值进行判断。

1. 估值的计算

估值多少是投资者和创业者都非常关注的核心内容，详细的计算方法请参考本书第 3 章。

2. 对投前估值还是投后估值进行判断

在过去，投资者都是以投前估值为根据进行投资的。实际上，了解了投前估值和投资者的出资额以后，还可以计算出公司的投后估值。具体的公式如下：

投后估值 = 投前估值 + 投资者的出资额

例如，公司的投前估值为 2000 万元，投资者出资额为 500 万元，那么公司的投后估值就为 2500 万元，而投资者的股权比例就为 500/2500 × 100% = 20%。

在早期，创投圈使用的就是这种计算方式 . 当时，融资活动一般有一两个投资者，不会出现 10 个甚至 10 个以上投资者，所以在 1000 万元的基础上融资 500 万元是对投融资常用的说法。

随着投资者数量的增多，投资者在一家公司的股权比例会降低。依然是上面的例子，如果其他投资者跟风投资，有一个投入 100 万元，还有两个投入 200 万元，那么该公司的投后估值就变成了 3000 万元，而第一个投资者的股权比例就变成 500/3000 × 100% = 16.67%。

在这种情况下，投资者就会与公司产生纠纷。于是，使用投后估值的说法逐渐流行起来。在投后估值确定以后，不管跟风投资的人有多少，投资者固定出资额的占股比例都不会变。

在投资协议中，估值条款的内容一般是这样的：公司设立完成后，投资者以人民币 ××× 万元的投后估值，对公司投资 ××× 万元人民币进行溢价增资。增资完成后，公司注册资本增加为 ××× 万元，投资者取得增资完成后公司 ××% 的股权。

6.1.2 投资额度：投资的总金额

在投资协议中，投资额度表明了投资者会给创业公司投资的总金额。一般来说，投资者取得的公司股份，以及这部分股份占稀释后总股数的比例都会有附带说明。

另外，投资额度条款还可以规定投资者获得股份的形式。投资者注资的形式有很多种，除了购买普通股的方式以外，还可以选择的方式有优先股、可转债等。

例如，投资者拟定投资总额为 3 亿元人民币，投资完成后，投资者获得公司融资后股权的 20%。投资完成后，公司注册资本增至 10 亿元人民币，投资者投资金额中的 2 亿元计入公司注册资本，剩余 1 亿元计入公司资本公积金。

投资额度条款通常是投资条款清单中第二个核心条款，签订协议时，你需要对此项条款认真审核。一些巨头公司制定投资条款清单时，对于投资额度条款可能会有其他规定，下面一起看看腾讯对大众点评投资时的情形。

曾经被 BAT 三巨头视为“硬骨头”的大众点评网最终还是被腾讯拿下，接受了腾讯的投资。

2014 年 2 月 19 日，腾讯对外宣布战略投资大众点评网，交易完成后，大众点评网将继续保持独立运营。入股完成后，大众点评网将与腾讯产品合作，推广大众点评网的商户信息，并将消费点评、团购、餐厅在线预订等本地生活服务的入口置于 QQ、微信产品上。

在投资细节上，大众点评网方面声称投资额度为 4 亿 ~ 5 亿美元，占股比例为 20% ~ 25%。对于投资额度区间，大众点评网方面称腾讯没有任何异议，最终是大众点评网的管理团队在此区间敲定的。

腾讯投资部内部人士则对外公开了协议细节：“腾讯的初期投资金额约为 4 亿美元，占股 20% 左右；在协议中还有一个‘选择权’，具体而言，如果大众点评网在海外上市，腾讯在一年内有权按照 IPO 价格增持 5% 的股份。最终，腾讯持股将达到 25%。”

2017 年 10 月，腾讯再次对美团—大众点评（2015 年 10 月，美团与大众点评合并）领投新一轮 40 亿美元融资，对美团—大众点评公司的估值约为 300 亿美元。

2018 年 9 月 20 日，美团成功登陆港交所，定价每股 69 港元，市值 483 亿美元。腾讯持股超过 20%，成为美团的第一大股东。

6.1.3　交割条件：细化到具体条件及时间

一位创业者曾跟我讲述他的遭遇：在一份投资协议中，投资者将获得母公司批准作为履行交割的先决条件。结果，投资者以母公司批准程序复杂为由拖延投资进程，经过漫长的等待后，投资者又称没有获得母公司批准所以无法对其投资。

遇到这种情况，创业者只能默默承受损失。但其实最大的损失不是他在这位投资者身上白白浪费了时间和精力，而是他本来可以在这段时间内为公司拉到融资。

之所以出现这种情况，是因为创业者对交割条件的认识不足。他本应该与投资者协商将获得母公司批准作为投资者支付投资款的先决条件，然后再加上一个最后期限，这样才公平。

实践中，很多创业者对交割条件的认识不到位，包括一些大公司和他们的律师也可能会将交割条件与付款的先决条件混淆。下面我们就来讲一讲什么是交割条件。

在投资条款清单中，交割条件是指股权投资交易当事人进行股权转让或资产过户等交割行为需要全部满足的前提条件。在双方签订了正式投资协议后，如果投资条款清单中规定的交割条件没有被全部满足而且没有被当事人放弃，那么当事人不具有进行交割的义务，交割也就无法进行。

一般来说，投资协议中规定的交割条件有 6 点，具体如下。

第一，投资者尽职调查后，对调查结果表示满意。

第二，投资者对最终的有法律效力的文件满意，包括投资协议、根据本轮融资修订而成的公司章程以及股东会决议等。

第三，公司为本次融资完成所有的资质认证，拿到交易所必需的证照及其他政府审批等。

第四，公司管理层核心人员与投资者选定的人员签署并交付格式和内容均令投资者满意的劳动合同。

第五，自本条款清单签订之日起，创始人应当在公司全职工作。

第六，根据尽职调查结果，实施正式投资协议约定的其他交割条件。

通过分析交割条件，你可以从中看出投资者的考虑，仔细研究一下绝对没有坏处。通常情况下，投资者设置交割条件时会考虑自己的风险承受能力和风险偏好等因素。

首先，如果投资者希望在短期内完成股权交易，且具有较高的风险承受能力，那么交割条件的设定会相对简单，基本上只有相对重要的事项；如果投资者追求低风险，那么会设定较为复杂的交割条件，而创业者执行起来也会相对困难。

其次，投资者应当考虑相关条件的可实现性与可操作性，还有交易成本的高低。如果投资者要求创业者采取某一行动的可实现性与可操作性较低，或者将产生巨大的交易成本，那么这并不适合作为交割条件，否则就会导致交易失败。

以开头中创业者的遭遇为例，获得投资者母公司的批准程序复杂，花费时间较长，并不适宜作为交割条件处理。

曾经的天使投资出现过见个面一拍即合就打款的现象，但是现在已经不可能，因为包括天使投资在内的所有股权投资都已经逐渐走向正规化、机构化，随之而来的就是走一套严格的内部流程。

在这种大趋势下，如果你对某些专业的投融资知识还不够了解，那就必须好好补补课了。

6.1.4 案例分享：苏宁与家乐福的交易结构条款

我们来看看苏宁易购集团收购家乐福中国 80% 的股份协议中出现的 3 项核心内容——估值、投资额度与交割条件。

一、苏宁易购子公司苏宁国际与家乐福集团及转让方签订的《股份购买协议》主要内容如下：

1. 成交金额和支付方式：

苏宁国际以 48 亿元人民币等值欧元向转让方收购家乐福中国 80% 股份，以现金方式支付。同时，本公司将对家乐福中国提供股东贷款，用于运营资金方面提供支持，具体金额视交割日家乐福中国公司净负债、运营资金的情况确定。

2. 支付期限及付款安排：

在交割日完成 100% 的交易价格支付，无分期付款。最终交易价格将参考交割报表进行调整，并在确认后的 20 个工作日内苏宁国际与转让方进行差额支付。另，协议中对本次交易有分手费的安排。如因苏宁国际原因或反垄断审批未能通过而导致交易未能交割，则苏宁国际需要支付分手费。

3. 协议的生效条件：

协议自签署之日起生效。

4. 交割条件：

（1）通过国家市场监督管理总局的经营者集中反垄断审查；

（2）转让方的基础保证在签署日和交割日，（如有重大性限定的）真实、准确、无重大误导，（如无重大性限定的）在所有重大方面真实、准确、无重大误导；

（3）转让方的非基础保证在签署日和交割日均真实、准确，除非对其真实性、准确性的违反未导致重大不利影响；

（4）转让方或家乐福中国完成了各自的交割前义务，除非该等违反未导致重大不利影响；

（5）双方的基础保证在签署日和交割日，（如有重大性限定的）真实、准确、无误导，（如无重大性限定的）在所有重大方面真实、准确、无误导；

（6）苏宁国际完成所有交割前义务。

5. 标的公司治理：

标的公司治理结构分为股东大会、监督董事会和管理董事会。股东保留事项须经股东大会全体股东同意通过，其他根据适用法律和公司章程规定须由股东大会通过的事项须经持有过半数表决权的股东同意通过。

监督董事会由7名监督董事组成（其中5名监督董事由苏宁国际委派，2名监督董事由转让方委派），负责监督管理董事会并向其提供建议，参与家乐福中国及其子公司的业务、战略，及承担其他适用法律和公司章程规定的职责。监督董事会的主席由苏宁国际委派的人士担任。

管理董事会由1名管理董事组成，负责家乐福中国日常管理及承担其他适用法律和公司章程规定的职责。

管理董事人选由监督董事会提议并经股东大会通过简单多数决议委派和解聘，该人士应同时作为家乐福中国首席执行官（CEO）。该名管理董事作为管理董事会主席，应有权决定影响家乐福中国及其子公司的除股东保留事项、监督董事会保留事项、监督董事会一般事项之外的任何事项。

6. 锁定期：

在交割后3年内，苏宁国际和转让方均不得将其所持家乐福中国股份向第三方转让，但向双方各自的关联方转让除外。

7. 出售选择权、购买选择权：

在交割后两年之日起的3个月期间内，转让方可以行使售股权向苏宁国际卖出其届时持有的全部家乐福中国股份，出售价格应为交割日总估值乘以转让方届时在家乐福中国的持股比例。

在上述3个月结束之日起的3个月期间内，如果转让方未行使售股权，苏宁国际可以行使购买权发出通知购买转让方届时持有的全部家乐福中国股份，购买价格应为交割日总估值乘以转让方届时在家乐福中国的持股比例。

在锁定期结束之日起的3年期间，转让方有权向苏宁国际卖出转让方届时持有的全部家乐福中国股份，出售价格应为第三方评估机构确定的市场公允价格。

在锁定期结束1年起的3年期间，苏宁国际有权购买转让方届时持有的全部家乐福中国股份，购买价格应为第三方评估机构确定的市场公允价值。

二、本次交易无须经本公司股东大会审议批准，但尚须通过国家市场监督管理总局的经营者集中反垄断审查。

三、交易定价依据（估值）：

本次交易为市场化并购，本公司在综合考虑标的公司的业务规模、渠道优势、物流配送能力、自持物业价值、优质用户资源和未来业绩改善潜力及与本公司业务之间的协同效应后，基于可比上市公司的经营数据综合确定本次交易的估值。

本次交易标的家乐福中国 100% 股份的估值为 60 亿元人民币。根据家乐福集团提供的未经审计的管理会计报表，家乐福中国 2018 年营业收入约为 299.58 亿元。

本次交易价格隐含的股权价值 / 收入倍数为 0.2x。通过与 A 股主要的同行业上市公司 2018 年平均股权价值 / 收入倍数的平均值 0.88x 及中位数 0.7x 相比，本次交易的估值水平较为合理。

可比公司	2018 年股权价值 / 收入
永辉超市	1.37
家家悦	1.02
步步高	0.38
三江购物	1.87
人人乐	0.29
中百集团	0.32

续表

可比公司	2018年股权价值/收入
平均值	0.88
中位数	0.70
家乐福中国估值	0.20

（资料来源：Capital IQ，截至2019年6月21日）

家乐福中国100%股份的估值60亿元人民币较其2018年末归属于母公司所有者权益–19.27亿元有较大幅度的增值。家乐福中国账面净资产为负的主要原因为近年来线下零售业态受到互联网的冲击，家乐福中国虽然积极地应对，但仍带来了阶段性的经营亏损。

家乐福中国在中国市场深耕24年，门店网络覆盖22个省份及51个大中型城市，位居2018年中国快速消费品（超市/便利店）连锁百强前10，作为行业领先公司，其具有较强的供应链能力、丰富的线下运营经验、较高的品牌知名度等优势，且近两年网络优化效应逐步显现，亏损收窄，家乐福集团提供数据显示，家乐福中国2018年息税折旧摊销前利润为人民币5.16亿元，我们认为标的公司拥有较高的提升空间。

公司通过收购家乐福中国能够进一步丰富公司智慧零售场景布局，加快大快消类目的发展，有利于降低采购和物流成本，提升公司市场竞争力和盈利能力。

因此，综合考虑家乐福中国的业务发展潜力，以及公司与标的公司的业务协同效应，本次收购具备较好的整合前景；且本次交易估值参考了同行业A股上市公司估值水平，并最终由交易双方协商确定。公司董事会认为本次估值合理，不存在损害上市公司、中小股东利益的情形。

最后，关于股份交易的审议情况如下：1. 本次交易不构成关联交易，亦不构成中国法律法规及规范性文件规定的重大资产重组。2. 本次交易已经公司第六届董事会第四十四次会议审议通过，无须提交公司股东大会审议。3. 本次交易已通过家乐福集团董事会审批。4. 本次交易尚须通过国家市场监督管理总局的经营者集中反垄断审查。

我们从此案例可以看出核心三项几乎占满本次苏宁易购集团收购家乐福中国 80% 的股份协议内容。

对于估值，在股份协议的交易定价依据中明确估值方式采用的是前面所说的可比公司法，即通过可比上市公司的财务数据和股价，计算出比率作为市场价格乘数的参考数据进行目标公司估值。上述家乐福的估值采用的是股权价值 / 收入倍数的计算方法。

对于投资额度，上述股份协议案例中明确地表述："苏宁国际以 48 亿元人民币等值欧元向转让方收购家乐福中国 80% 股份，以现金方式支付……"在细节上确定了投资总额、支付方式、交易股份数量、支付期限、付款安排等，并对其他投资交易细节如锁定期、出售选择权、购买选择权等作出了清晰的规定。

对于交割条件，上述股份协议案例中的交割条件列出了本次股权交易需要满足 6 个前提条件，例如监管风险方面、双方义务方面等。

6.2 先决条件条款：投资者投资的前提

在签署投资协议时，公司及原股东可能还存在一些未落实事项，或者可能发生变化的因素。为保护投资者利益，一般会在投资协议中约定相关方落实相关事项，或对可能发生变化的因素进行一定控制，构成实施投资的先决条件。

6.2.1 对未落实事项进行约定

投资协议中，与未落实事项相关的条款主要有以下 3 个。

1. 分段投资条款

为了降低投资风险，投资者往往采取分段投资的方式，只提供公司下一阶段的资金，只有当公司完成预期的经营目标或者获得丰厚的盈利以后，才会继续投资。

在这个过程中，投资者会对公司的经营状况与潜力进行反复评估，并拥有放弃追加投资的权利与优先购买公司发行股票的权利，从而有效控制风险。

2. 反摊薄条款

反摊薄条款是一种用来保护投资者利益的协定，其不会因为公司以较低价格发行新股而导致自身的股份被摊薄，许多投资者常把反摊薄条款作为投资条件之一。

例如，原始股东拥有公司100股股票，总值100万元，投资者A向原始股东购买公司50股股票，价值50万元，此时，投资者A占有公司50%股权。假设公司准备向另一投资者B增发50股总价值为50万元的股票，那么投资者A持股比例即从50%降至33.33%，这种情况发生的时候即为比例摊薄。

如果签订了反摊薄条款，投资者A的股份不会因为后续融资而减少，或者能够得到一定股份的补偿，从而保证其权利不被摊薄。

3. 优先跟投权

优先跟投权指的是，如果公司发生清算事件但是投资者没有收回投资款，创始人自清算事件发生之日起5年内从事新项目的，投资者有权优先于其他人对该新项目进行投资。

而且，投资者本次投资额与清算事件中投资者没有收回的投资款相加，将视为对新项目的投资款。下面通过数学计算看看优先跟投权是如何发挥作用的。

投资者投资1000万元，占股比例30%，公司可分配净资产1500万元，按投资款150%优先分配，那么：

（1）1000×150%=1500（万元）

（2）（3000–1500）×30%=450（万元）

合计：1950万元

投资者收回的投资款为1500万元，不足部分为：1950万元–1500万元=450万元。两年后，创始人二次创业，投资者优先投资500万元。那么，投资者对新项目的投资款为：450万元+500万元=950万元。

除非创始人非常优秀，否则，在创业公司清算结束的情况下，很少有投资者愿意再次投资。

6.2.2 对可能产生变动的因素进行规定

投资协议中，与可能发生变化的因素相关的条款有以下 3 个。

1. 肯定性条款

肯定性条款是指被投资公司在投资期内应该遵守哪些约定，一般包含以下内容。

（1）被投资公司需提供合适的渠道，以使投资者可以接近公司职员及获得经营管理记录；

（2）公司应定期向投资者提交财务报告；

（3）被投资公司需进行年度预算，且该预算要取得董事会同意后方可实行；

（4）管理层要保证被投资公司继续存在，并使其所有财产维持良好的状态；

（5）被投资公司需购买足够的保险；

（6）被投资公司需支付其应付债务与应交税款；

（7）被投资公司要遵守法律，并履行相关协议所规定的义务；

（8）被投资公司应当告知投资者本公司的诉讼、协议的未履行情况，以及其他会对被投资公司的经营造成不利影响的事项；

（9）被投资公司要采取适当的措施保护其专利权、商业秘密及版权；

（10）被投资公司须遵守约定用途使用融资资金。

2. 否定性条款

否定性条款是指被投资公司不得在投资期内从事行为的约定。否定性条款常涉及以下内容：禁止变更公司的控制权；禁止管理层向第三方转让股份；禁止改变公司主营业务等。

3. 共同出售权

共同出售权，即指被投资公司上市前，假如原股东向第三方转让股份，投资者可以依据股东与第三方达成的价格协议，参与其中，并按原有股东与投资者在被投资公司中当前的股份比例向第三方转让股份。

例如，原股东向第三方转让 20 万股，当前原股东和投资者的股份比例为 3：1，则原股东最多向第三方转让 15 万股，投资者可以同样价格向第三方转让 5 万股，除非投资者主动放弃这一权利。

这项权利，事实上是对原股东转让股份的限制，避免不理想的股东进入，使原股东与投资者承担相同风险与收益。

6.3 保证条款：送上一粒“安心丸”

对于尽职调查中难以取得客观证据的事项，或者在投资协议签署之日至投资完成之日（过渡期）可能发生的妨碍交易或有损投资者利益的情形，一般会在投资协议中约定由标的公司及其原股东做出承诺与保证。

6.3.1 标的公司股东、业务合规无隐患

标的公司及原股东为依法成立和有效存续的公司法人或拥有合法身份的自然人，具有完全的民事权利能力和行为能力，具备开展其业务所需的所有必要批准、执照和许可。

6.3.2 签署、履行协议合法无约束

各方签署、履行投资协议，不会违反任何法律法规和行业准则，不会违反公司章程，亦不会违反标的公司已签署的任何法律文件的约束。

6.3.3 过渡期内不出现重大不利变化

过渡期内，原股东不得转让其所持有的标的公司股权或在其上设置质押等权利负担；标的公司不得进行利润分配或利用资本公积金转增股本。

另外，标的公司的任何资产均未设立抵押、质押、留置、司法冻结或其他权利负担；标的公司未以任何方式直接或者间接地处置其主要资产，也没有发生正常经营以外的重大债务；标的公司的经营或财务状况等方面未发生重大不利变化。

6.3.4 信息披露完整、真实有效

标的公司及原股东已向投资者充分、详尽、及时地披露或提供与本次交易有关的必要信息和资料，所提供的资料均是真实、有效的，没有重大遗漏、误导和虚构；原股东承担投资交割前未披露的或有税收、负债或者其他债务。

6.4 其他关键条款：完善协议细节

在投资协议中，除了前面提到的几种条款以外，还有一些其他比较关键的条款，例如，公司治理条款、反稀释条款、对赌条款、出售权条款、清算优先权条款等，掌握这些条款也是创业者需要完成的工作。

6.4.1 公司治理条款：规范股东行为

投资者可以与原股东就公司治理的原则和措施进行约定，以规范或约束标的公司及其原股东的行为，如董事、监事、高级管理人员的提名权，股东（大）会、董事会的权限和议事规则，分配红利的方式，保护投资者知情权，禁止同业竞争，限制关联交易，关键人士的竞业限制等。

1. 董事会席位条款

一位创始人拥有公司60%的股份，另外两个投资者分别占有20%。公司成立三人董事会后，三个股东做董事并且各占一个席位。其中一个投资者提议让自己的妻子担任监事，该创始人同意了。

很显然，这位创始人还没有意识到自己已经失去了公司的控制权。在股东会，这位创始人拥有60%的投票权；但是在董事会，他却只有三分之一（33%）的投票权。这代表着创始人的控制权从60%降到了33%，给公司未来的发展埋下了很大的隐患。

因此，在投资协议中，必须严格设置董事会席位条款，不能投资者想进入董事会，创始人就必须答应，进入董事会对投资者的持股是有要求的，至少达到5%。

2. 优先分红权条款

《中华人民共和国公司法》第三十四条规定："股东按照实缴的出资比例分取红利……但是，全体股东约定不按照出资比例分取红利或者不按照出资比例优先认缴出资的除外。"第一百六十六条规定："公司弥补亏损和提取公积金后所余税后利润……股份有限公司按照股东持有的股份比例分配，但股份有限公司章程规定不按持股比例分配的除外。"

因此，股东之间可以约定不按持股比例分配红利，为保护投资者的利益，可以约定投资者的分红比例高于其持股比例。

3. 信息披露条款

为保护投资者作为标的公司小股东的知情权，一般会在投资协议中约定信息披露条款，如标的公司定期向投资者提供财务报表或审计报告、重大事项及时通知投资者等。

6.4.2 反稀释条款：对后续融资情况进行约定

为防止标的公司后续融资稀释投资者的持股比例或股权价格，一般会在投资协议中约定反稀释条款（Anti-Dilution Term），包括反稀释持股比例的优先认购权条款（First Refusal Right），以及反稀释股权价格的最低价条款等。

1. 优先认购权

投资协议签署后至标的公司上市或挂牌之前，标的公司以增加注册资本方式引进新投资者，应在召开相关股东（大）会会议之前通知本轮投资者，并具体说明新增发股权的数量、价格以及拟认购方。本轮投资者有权但无义务，按其在标的公司的持股比例，按同等条件认购相应份额的新增股权。

2. 最低价条款

投资协议签署后至标的公司上市或挂牌之前，标的公司以任何方式引进新投资者，应确保其投资价格不得低于本轮投资价格。

如果标的公司以新低价格进行新的融资，则本轮投资者有权要求控股股东无偿向其转让部分公司股权，或要求控股股东向本轮投资者支付现金，即以股权补偿或现金补偿的方式，以使本轮投资者的投资价格降至新低价格。

6.4.3 对赌条款：对目标进行承诺

估值调整条款又称为对赌条款，即标的公司控股股东向投资者承诺，未实现约定的经营指标（如净利润、主营业务收入等），或不能实现上市、挂牌或被并购目标，或出现其他影响估值的情形（如丧失业务资质、重大违约等）时，对约定的投资价格进行调整或者提前退出。估值调整条款包括但不限于以下两个方面。

1. 现金补偿或股权补偿

若标的公司的实际经营指标低于承诺的经营指标，则控股股东应当向投资者进行现金补偿，应补偿现金 =（1– 年度实际经营指标 ÷ 年度保证经营指标）× 投资者的实际投资金额 – 投资者持有股权期间已获得的现金分红和现金补偿；或者以等额的标的公司股权向投资者进行股权补偿。

但是，股权补偿机制可能导致标的公司的股权发生变化，影响股权的稳定性，在上市审核中不易被监管机关认可。

2. 回购请求权（Redemption Option）

如果在约定的期限内，标的公司的业绩达不到约定的要求或不能实现上市、挂牌或被并购目标，投资者有权要求控股股东购买其持有的标的公司股权，以实现退出；也可以约定溢价购买，溢价部分用于弥补资金成本或基础收益。

如果投资者与标的公司签署该条款，则触发回购义务时将涉及减少标的公司的注册资本，操作程序较为复杂，不建议采用。

此外，根据最高人民法院的司法判例，投资者与标的公司股东签署的对赌条款是签署方处分其各自财产的行为，应当认定为有效；但投资者与标的公司签署的对赌条款则涉及处分标的公司的财产，可能损害其他股东、债权人的利益，或导致股权不稳定和潜在争议，因而会被法院认定为无效。

所以，无论是现金、股权补偿还是回购，投资者都应当与标的公司股东签署协议并向其主张权利。

6.4.4 出售权条款：实现顺利退出

为了在标的公司减少或丧失投资价值的情况下实现退出，投资协议中也约定出售股权的保护性条款，包括但不限于以下两个方面。

1. 随售权 / 共同出售权条款（Tag-Along Rights）

如果标的公司控股股东拟将其全部或部分股权直接或间接地出让给任何第三方，则投资者有权但无义务，在同等条件下，优先于控股股东或者按其与控股股东之间的持股比例，将其持有的相应数量的股权出售给拟购买待售股权的第三方。

2. 拖售权 / 强制出售权条款（Drag-Along Right）

如果在约定的期限内，标的公司的业绩达不到约定的要求或不能实现上市、挂牌或被并购目标，或者触发其他约定条件，投资者有权强制标的公司的控股股东按照投资者与第三方达成的转让价格和条件，和投资者共同向第三方转让股份。

6.4.5 清算优先权条款：弥补资金成本

如果标的公司经营亏损最终破产清算，投资者未能及时退出，可以通过清算优先权条款（Liquidation Preference Right）减少损失。应指出，我国现行法律不允许股东超出出资比例分取清算剩余财产。

《中华人民共和国公司法》第一百八十七条规定："公司财产在分别支付清算费用、职工的工资、社会保险费用和法定补偿金，缴纳所欠税款，清偿公司债务后的剩余财产，有限责任公司按照股东的出资比例分配，股份有限公司按照股东持有的股份比例分配。"

虽然有以上规定，但是股东之间可以约定再分配补偿机制。例如，在投资协议中可以约定，发生清算事件时，标的公司按照相关法律及公司章程的规定依法支付相关费用、清偿债务、按出资比例向股东分配剩余财产后，如果投资者分得的财产低于其在标的公司的累计实际投资金额，控股股东应当无条件补足；也可以约定溢价补足，溢价部分用于弥补资金成本或基础收益。

第二部分

并购策略

第 7 章

公司并购是快速扩张的必由之路

并购是指多家独立公司合并组成一家公司，通常由其中一家优势较大的公司吸收其他公司。并购一般包含两个方面，一是兼并，二是收购。兼并指两家公司合并成一体，收购指一家公司用现金或有价证券购买另一家公司的股票或资产，以获得该公司的控制权。

并购是公司扩大规模，实施多元化战略的常见方法。它不仅能让资源得到充分利用，降低生产成本，还能有效扩大企业的经营范围，分散经营风险。

7.1 6 种常见的并购方式

公司之间有 6 种常见的并购方式，分别是协议并购、要约并购、竞价并购、股权重组、托管重组、债务重组。

7.1.1 协议并购：降低成本与风险

协议并购是指收购人在证券交易所之外，直接与目标公司取得联系，以谈判、协商达成共同协议，从而实现收购目标公司股权的方式。协议并购容易获取目标公司的信任，有利于降低收购的风险与成本，但谈判时的契约成本较高。

协议并购的一般程序为：明确并购目的—目标公司的选择—并购战术的策划—并购小组成立—并购交涉开始—意向书的缔结—并购公司的资产、负债等情况调查—并购方法的确定—合同的缔结。

下面让我们看一个协议并购的经典案例。

2005年12月20日，思科公司以69亿美元的收购价格与Scientific-Atlanta（以下简称SA）达成并购协议。SA公司是当时世界上最大的机顶盒生产商之一，2005年的销售额高达19.1亿美元。此前SA股东对于收购价格并不满意，他们认为收购价格没有体现出SA的真正价值，因此对SA提起了诉讼。此后，不断有消息称，微软、索尼、苹果、阿尔卡特等IT巨头有意并购SA。但随着并购协议的签署，业内的各种猜测不攻而破。

这次并购有助于加快视频行业的创新发展，改变电视节目的传输方式。时任思科首席执行官约翰·钱伯斯认为，此次并购属于思科公司战略的一部分。如果公司无法独立开发某项新兴技术，那么并购这种方式也就值得考虑。最后他还补充道："视频技术对我们来说太重要了。"

思科公司通过协议并购，在极短的时间内完成收购，从而避免出现与索尼、苹果、阿尔卡特这样的巨头对抗，加重收购成本。同时，收购成功后，思科公司补全了自身在视频技术领域的短板，实在是一举多得。

7.1.2 要约并购：确定内容和程序

要约并购是指收购人向目标公司发出收购的公告，等到目标公司确认后，方可采取收购行为。这是国际上最常见的收购形式，其收购对象为上市公司依法发行的所有股权。

1. 要约并购的主要内容

（1）价格条款。要约并购的价格条款主要有自由定价主义与价格法定主义两种方式。

（2）要约并购的支付方式。《中华人民共和国证券法》中并未对要约并购支付方式进行明确规定，而《上市公司收购管理办法》中相关规定允许投资者采用现金、证券等方式支付收购价款；但《上市公司收购管理办法》对支付方式做出约束：当收购人以终止上市公司的上市地位而发出的要约并购，或向中国证监会提出申请但未获得豁免而发出要约并购时，应当以现金支付收购价款；以依法可以转让的证券支付收购价款时，应当同时提供现金方式供目标公司的股东选择。

（3）要约并购的期限。《中华人民共和国证券法》第九十条第二款，以及《上市公司收购管理办法》第三十七条规定，要约并购的期限不得低于三十日，不得超过六十日，但如果出现竞争要约时除外。

（4）要约并购的变更和撤销。要约一经发出便对收购人具有约束力，但由于收购过程的复杂性，一旦出现特定情形，收购人有改变想法的可能。因此，《中华人民共和国证券法》第九十一条规定，在收购要约确定的承诺期限内，收购人不得撤销其收购要约。收购人需要变更收购要约的，必须事先向国务院证券监督管理机构及证券交易所提出报告，经批准后，予以公告。

2. 要约并购的程序

（1）《中华人民共和国证券法》第七十九条规定，当收购人持有目标公司已发行的 5% 股权时，需要在该事实发生之日起三日内，向国务院证券监督管理机构、证券交易所做出书面报告，通知目标公司，并予以公告。

（2）当收购人持股达到 30%，并准备继续并购时，收购人须向国务院证券监督管理机构提交上市公司并购报告书，附注规定事项。在收购要约的有效期限内，收购人不得撤回其收购要约。

（3）收购要约的期限届满，收购人持有目标公司股权达到 75% 以上时，该目标公司的股票须在证券交易所终止上市。

（4）收购要约的期限届满，收购人持有目标公司股权达 90% 以上时，其余持该目标公司股票的股东，向收购人以要约的同等条件出售其股票，收购人应当接受。收购完成后，被收购公司如果不具备《中华人民共和国公司法》规定的条件时，应当依法变更其公司的形式。

（5）要约收购在要约期间排除其他方式收购。

（6）收购目标公司的行为结束后，收购人须在十五日内将情况报告国务院证券监督管理机构和证券交易所，并予公告。

7.1.3 竞价并购：注意交易要点

竞价并购的过程与要约并购的过程类似，参考要约并购过程即可。而它本身具有以下特点。

其一，竞价并购以现金为支付方式，因此收购方需要准备足够的现金。

其二，一般在现金出价过程中，目标公司的大部分股票可能会被风险套利者所购买。对于风险套利者手中所囤积的股票，收购方如果利用得当，可以降低敌意收购者的出价。

其三，竞价并购会使收购方承担极大的资金风险，尤其是大规模的收购交易。而降低收购成本的办法一般有两种，第一种是双层出价，第二种是依靠发行高收益债券获得融资。

这其中，双层出价有两个阶段。第一阶段，收购方以现金收购股票，使其达到控制权比例；第二阶段，利用非现金收购剩余部分的股票。在第二阶段，收购方已提前取得目标公司的控制权，所以无须担心敌意收购者的竞争性出价。此外，这种方式还可以促使目标公司股东尽早出让其手中持有的股票。

7.1.4 股权重组：股份变更

股权重组主要包括股权转让与增资扩股两种形式。

1. 股权转让

它是指公司的股东将自身拥有的股权，部分或全部转让给他人。

2. 增资扩股

它是指公司发行股票、新股东投资入股、原股东增加投资，从而增加公司的资本金。

股权重组无须清算程序，其债权、债务关系重组后依然有效。股权重组过程中，只有公司的股东或股东持有的股权发生变更。

除此之外，股权重组还有以下特征。

其一，参股、控股公司以其股权的占比，实现对目标公司产权占有的权利和义务。

其二，股权重组会导致目标公司的经营管理层发生变动。投资者常常以其所拥有的股权，要求目标公司对经营管理层进行改组，并支持更符合自身利益的经营决策。

其三，在股权重组中，公司组织形式也容易发生改变。例如，传统的公司改组成为股权公司，以明确界定投资者各自的权益。

其四，股权重组可以发生于股权公司，也可以发生在非股权公司与股权公司之间，从而组成利益攸关的命运共同体。

7.1.5 托管重组：所有权和经营权分离

托管重组是指公司资产所有者以契约形式，在一定期限与条件约束内，将自身拥有的所有或部分资产的经营权、处置权，委托给其他法人进行管理。

托管重组的过程中，委托方通过将有效的经营机制、科学管理的方式、优质品牌等引入公司，而受托方凭借自身的管理与资金优势获取经济回报。托管重组的实质是资产所有权与经营权的分离，这种方式有利于促进公司政企分开，明晰公司产权关系。一般来说，托管重组有 3 种模式，如图 7–1 所示。

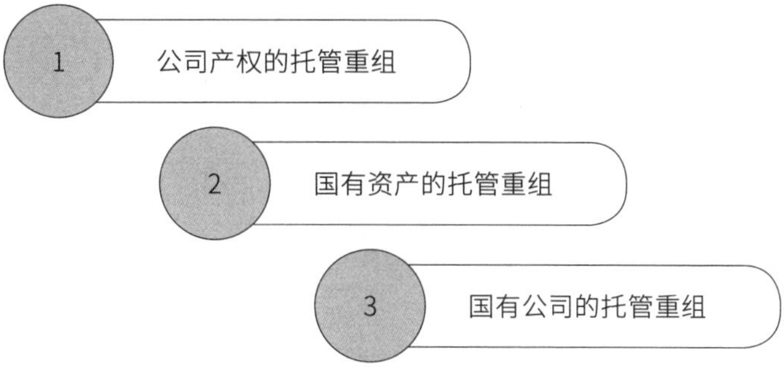

图 7–1 托管重组的 3 种模式

1. 公司产权的托管重组

委托方依据相关法律和政策，用合同的形式约束受托方，并付出一定代价作为补偿，将公司的财产权交给受托方处置。它实质上是一种非公开市场的公司产权交易。

2. 国有资产的托管重组

这种托管重组是指国有资产管理部门，将自身的国有资产以合同形式委托给受托方。在这种托管重组中，只能托管公司的经营权，不能托管公司的财产权。这种短期产出的经济行为，受托方只能在合同约定的范围内，进行经营机制的转换以及采取其他手段，运营国有资产。

3. 国有公司的托管重组

该种模式一般由特定的部门或机构，接管部分亏损的国有中小公司，并对原有的公司、资产结构进行改造，实现资源的再配置。

受托方接受的内容，包含公司的全部财产、全部职员与债务。

严格地讲，托管重组是指委托人通过信托协议，将公司资产或公司法人财产的经营权与处分权转让给经营管理能力强，且能够承担相应风险的受托人。所以，公司托管重组实质上源于信托。

7.1.6 债务重组：对债务情况进行修改

债务重组是指债权人依据其与债务人达成的协议，或法院的判决同意债务人对债务条件进行修改。换句话说，只要债务重组时债务偿还条件与原协议有不同之处，均视为债务重组。

1. 不属于债务重组的情形

（1）债务人发行的可转换债券依据规定条件转为其股权（条件未发生更改）；

（2）债务人破产清算时的债务重组（这时应按清算会计处理）；

（3）债务人改组（权利与义务未发生实质性变化）；

（4）债务人借新债偿旧债（旧债偿还的条件并未发生改变）。

2. 债务重组的方式

（1）以低于债务账面价值的现金清偿债务；

（2）以非现金资产清偿债务；

（3）债务转为资本；

（4）修改其他债务条件。

前三种属于即期清偿债务，最后一种属于延期清偿债务。

通常情况下，债务人与债权人以非现金资产、修改负债条件等方式进行债务重组后，债权人会做出一定让步，以便债务人可以安排财务资金，或得以清偿债务。

债务重组从本质上来讲，其实是一项法律活动。它旨在通过某种方式改变债权人与债务人之间原有合同关系。

与同样具有改变债权债务关系的破产程序相比，债务重组则主要表现为债权人与债务人之间的谈判与协议的过程，法律干预较少，与破产程序的“法定准则”“司法主导”两大特征形成鲜明的对比。但是，债务重组也应当贯彻、体现法律所要求的平等、自愿诸原则，以平衡双方当事人的利益。

7.2 并购的 6 个阶段

公司并购共分 6 个阶段，分别是确定并购战略、选择最优并购目标、预测和明确并购时机、对并购目标进行审查、做好实施过程中的工作、全面整合分析公司的资源。

7.2.1 确定并购战略

公司通过与财务顾问合作，依据公司经营状况、资产状况、经营状况以及发展战略找准自身的定位，确定并购战略。也就是说，对并购的需求进行分析、找出并购目标的特征，以及并购方向的选择。

7.2.2 选择最优并购目标

并购目标的选择有两种模型：定性选择模型、定量选择模型。

定性选择模型：结合目标公司的资产状况、规模大小以及产品品牌的影响力，与本公司在市场、地域等方面进行比较。同时，通过其他的信息渠道收集目标公司的信息，进行进一步的分析，避免陷入并购陷阱。

定量选择模型：通过对公司数据的收集整理，以静态分析、ROI分析等方式最终确定目标公司。

7.2.3 预测和明确并购时机

通过对目标公司不间断的关注与信息积累，对并购的时机进行预测，并运用定性、定量分析模型进行可行性分析，最终确定并购时机。

7.2.4 对并购目标进行审查

与公司所在地的政府沟通，获得支持，这一点对于并购的成功非常重要。同时，还应当对公司进行深入的审查。

这时要核查的主要是被并购公司的资产情况，尤其是对土地权属的合法性、债权债务情况、诉讼情况、税收情况、雇员情况、抵押担保、认股权证等条件的核查。核查这些情况时，会计师、律师的作用十分关键。

如果目标公司属于国有企业，在并购前，必须先取得负责管理其资产的国有资产管理局或国有资产管理办公室的批准同意。否则，并购不可以进行。集体公司、私人公司、外商投资公司、股权制公司等则无此要求。

7.2.5 做好实施过程中的工作

并购实施过程中的工作包括：与目标公司谈判，确定并购方式、并购的支付方式（现金、资产、股权等），法律文件的制作，确定并购后主要管理层人员的人事安排、原有职工的安置等相关问题，股权过户、交付完成。这主要包括 5 个步骤，如图 7–2 所示。

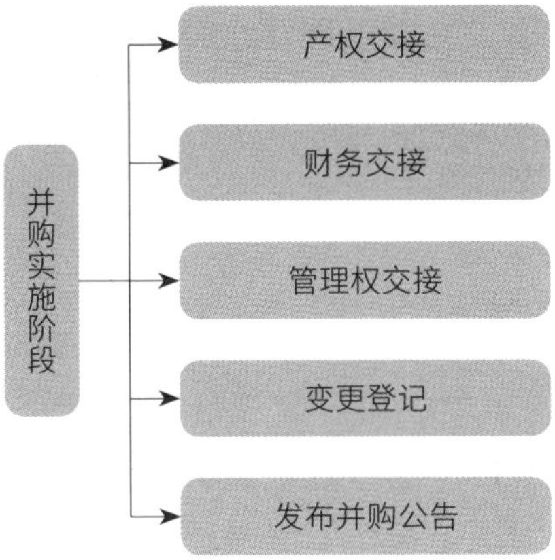

图 7–2 并购实施阶段的 5 个步骤

1. 产权交接

并购双方的资产交接，需在国有资产管理局、银行等部门的监督下，依据协议办理移交手续，并进行验收、造册。目标公司遗留的债权、债务，依据协议进行清理，并据此办理更换合同债据等手续。

2. 财务交接

并购后双方财务会计报表需要依据并购后产生的不同结果进行相应的调整。例如，如果被并购一方的主体结构完全消散，则应当对被并购公司的财务账册进行保管，而并购方公司的财务账册也要做出相应的调整。

3. 管理权交接

管理权交接是每一个并购实施阶段必需的事宜，这完全取决于并购双方签订的协议。如果并购后，被并购的公司还能继续由原有的管理团队主持工作，只要对外发布公告即可；但如果并购后，涉及被收购公司管理层的去留、新管理成员的入驻、管理权的分配等问题时，交接就比较烦琐。

4. 变更登记

续存公司需要进行变更登记，新设公司则需要进行注册登记，被解散的公司登记解散。这些登记只有在政府有关部门确认后，并购才正式有效。并购一经登记，因并购合同而解散公司的所有资产与债务，都由续存公司或新设公司承担。

5. 发布并购公告

并购双方要将兼并与收购的情况向社会公布，让社会各方面知道并购事实，方便他们随时调整与之相关的业务。

7.2.6 全面整合新公司的资源

对于公司而言，并购成功并不意味着结束，只有最后实现被并购公司与自身资源的成功整合与充分调动，促进公司的发展，产生预期盈利，这才算是真正完成并购。

第 8 章

并购方案设计：完善的方案促成并购行为

一份合理的并购方案能更好地指导公司的并购工作。对此，并购方案中应多输出有实用价值的干货，包括并购的价值、切入点、关键条款等。

8.1 分析并购的价值，明确并购决定

并购是公司在市场竞争中会使用的一种策略。公司的每一次发展，都可能伴随着并购的发生；公司的每一次扩张，也都可能以并购为标志。若想判断并购的价值，公司可以从动机角度入手。

8.1.1 买方视角中并购的价值

在判断并购的价值时，公司应该关注重要的附随权利以及资源，

比如，附随的客户名单等。对于很多公司来说，客户名单是商业秘密，有着巨大价值，但是通过并购，这个商业机密可以轻松地被拿到。这有利于作为买方的公司迅速占领市场。

有 5 种动机能让作为买方的公司判断并购的价值。

1. 是否使公司获得更强的市场控制力

公司是一个独立的法人实体，可以通过扩张的方式来谋求自身更好的发展。这里的扩张包括两个方面：内部扩张、外部扩张。如果仅仅依靠内部扩张，公司需要更长的时间来达到壮大的目的。因此，在这个“商场如战场”的时代，公司需要做好外部扩张，即并购。

2. 是否使公司快速获得人力资本、知识产权或者其他资源

一般来说，公司要想获得人力资本、知识产权或者其他资源，那至少需要几年，甚至几十年的积累。但是借助并购，公司可以迅速达成这样的目标。例如，通过与卖方的生产要素相结合，实现优势互补，并以最短的时间在市场上占据主导地位。

3. 是否提高公司的管理效率

1975 年，差别效率理论被一些经济学家提出。该理论认为，并购的主要动机是优势公司和劣势公司之间有差别，尤其是管理效率的差别。也就是说，如果 A 公司在管理上比 B 公司更有效率，那么 A 公司就可以考虑收购 B 公司。这样不仅会使 B 公司的管理效率进一步提高，还可以增强 A 公司的实力，甚至还能够为整个行业带来福利。

当管理效率有所提高以后，资源可以被更有效地利用和配置，

进而获得更多的剩余价值。由此可见，管理效率本身也是非常重要的资源，这个资源可以为公司带来好的效应。

4. 是否完善了公司的产业链条

并购的主要目的之一是完善产业链条。当产业链条渐趋完善时，公司就可以摆脱过于依赖其他公司的困境，这相当于为自己解决了后顾之忧，使自己可以在市场上获得更明显的优势地位。

5. 是否能帮助公司达到多样化经营与协同发展的目的

很多时候，公司之所以会收购另一家公司，其实主要是因为看中这家公司强大的发展潜力，以及在解决资金问题之后可能获得的市场地位和巨额盈利。例如，一些规模比较大的公司会收购一些规模比较小的公司，后者通常没有很强大的生产能力，也缺少有效的营销渠道。

如果通过收购将上述问题解决，这些规模比较小的公司可以有更多的市场份额和更丰厚的效益。在规模比较小的公司变得越来越强大之后，作为买家的公司也可以得到更多的资金和资源，同时也可以得到相应的商标效应，从而使双方实现协同发展。

8.1.2 卖方视角中并购的价值

在激烈的竞争中，很多公司可能因为财务实力不强而出现资金短缺的现象，此时，这些公司就会通过被并购的方式来完成变现。另外，如果公司有重大风险需要转移，或者行业形势不断恶化，那么也可以选择被其他公司并购。如果遇到了对的买方，作为卖方的公司可以享受到更大的财务和资源优势，从而加速效益的增长，使自己在生存中谋求更好的发展。

作为卖方的公司可以从以下两种动机判断并购的价值。

1. 是否能解决公司资金短缺的问题

当公司因为竞争过于激烈或者商业模式不够合理等因素，导致资金短缺、发展受阻时，就可以考虑被更有能力的公司并购。

很多时候，收购意味着可以让公司、技术、员工、产品等很好地留下来，能提高公司的收入来源与盈利基础，有利于其发展或转型。

2. 能否帮助公司突破限制并得到进一步发展

近几年，收购已经成为潮流，这样的尝试也意味着各个行业对“边界”的探索已经渐趋深入。如果跳出原有的赛道，在更广阔的市场中发挥作用，那么公司的“基因”将得到进一步试炼，其所面临的风险也会越来越少。

8.2 横纵双方向切入，制订并购方案

制订并购方案有横向和纵向两个切入点，横向主要是同一行业公司的联合，目的是扩大规模；纵向主要是上下游公司的联合，目的是整合资源，实现一体化发展。

8.2.1 横向一体化：行业内公司的联合

横向一体化是指同一行业、处于竞争行业的公司实现联合。横向一体化的实质是资本在同一产业里的集中，目的是实现扩大规模、降低产品成本、巩固市场地位。

横向一体化战略的实施有两种形式，一是并购，二是组成战略联盟。

公司实施横向一体化战略，通常有以下 5 个原因。

第一，公司所在行业竞争激烈，为了减少竞争压力，所以进行横向扩张。

第二，公司所在行业规模经济较为显著，为了实现规模经济，所以实施横向一体化战略。

第三，即将采取的扩张行动不违反《中华人民共和国反垄断法》的规定，而且可以小范围内取得一定的垄断地位。

第四，公司所在产业增长潜力较大，只有增强自身实力才能获取竞争优势。

第五，公司具备实施横向一体化战略所需要的资金、人才、技术等资源。

实施横向一体化战略要求公司遵循 4 项基本准则，内容如图 8-1 所示。

第一，遵守《中华人民共和国反垄断法》。即公司可以在特定的地区或领域获得垄断，但是不能违反《中华人民共和国反垄断法》的规定。

第二，产业前景好，即公司所在的产业呈现出增长的趋势。如

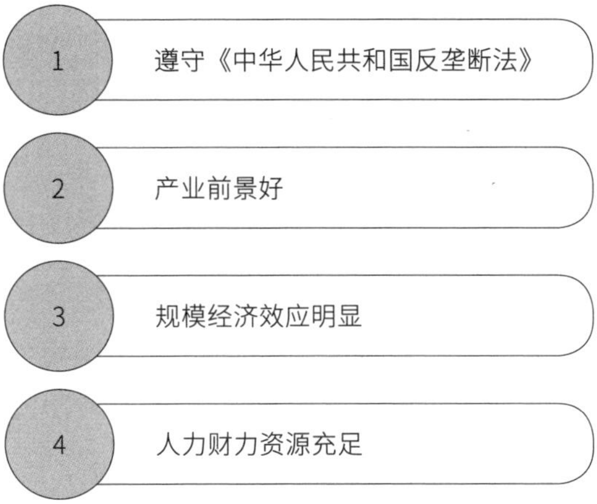

图 8–1 实施横向一体化战略要求公司遵循的 4 项基本准则

果不止一个竞争对手因为管理或财务等问题陷入经营困境之中，那说明整个产业的销售总量下降，此时不适合实施横向一体化战略。

第三，规模经济效应明显。公司所在产业的规模经济效应有助于公司提升竞争力。

第四，人力财力资源充足。公司有充足的资金和人才等资源应对管理业务规模扩大后的公司。

8.2.2 纵向一体化：上下游公司的联合

纵向一体化是指生产经营过程相互衔接联系的公司实现一体化发展。根据物质流动方向不同，纵向一体化又分为前向一体化和后向一体化。

前向一体化指的是公司获得对下游分销商所有权或者控制权的战略，主要形式是特许经营。实施前向一体化战略，通常有以下 6

个原因。

第一，公司现有分销商的要价高而且不可靠，不能及时满足公司分销产品的要求。

第二，公司现有的合格分销商非常少，如果实施前向一体化战略，竞争力立即增强。

第三，公司所在的产业前景好，预期可获得快速增长。如果公司主营业务所在的产业增长乏力，那么，前向一体化会浪费公司资源，降低公司多元化的能力。

第四，公司拥有实施前向一体化战略，独立销售自身产品所需要的资金、人才等资源。

第五，公司实施前向一体化战略，独立销售自身产品可以更好地预测产品的未来需求，提升产品生产的稳定性。

第六，公司当前的分销商或零售商有很大的获利空间。在这种情况下，公司可以通过实施前向一体化战略独立销售自身产品，然后获得丰厚利润。丰厚的利润会反过来促使公司降低自身产品的价格，提升市场竞争力。

看完前向一体化，再看后向一体化。后向一体化指的是公司获得对供应商的所有权或控制力的战略。实施后向一体化战略，通常有以下 7 个原因。

第一，公司现有的供应商要价高、不可靠或者不能满足公司对原材料的需求。

第二，供应商缺乏，但是公司的竞争对手数量很多。

第三，公司所在的产业前景好，预期可获得快速增长。如果公司主营业务所在的产业增长乏力，那么，前向一体化会浪费公司资源，降低公司多元化的能力。

第四，公司拥有实施后向一体化战略，独自从事生产自身需要的原材料这一新业务所需要的资金、人才等资源。

第五，公司实施后向一体化战略，可以稳定原材料的成本，进而达到稳定产品价格以及产品生产的目的。

第六，公司当前的供应商或零售商有很大的获利空间。在这种情况下，公司可以通过实施后向一体化战略生产自身需要的原材料，然后降低大量成本。成本降低促使产品价格降低，可以提升公司的市场竞争力。

第七，公司对原材料或者零部件的需求比较紧急。

实施纵向一体化战略的优势包括帮助公司节约与上下游购买或销售的交易成本、控制稀缺资源、保证关键投入的质量、获得新客户，但难以避免的是增加公司的内部管理成本。

8.2.3 案例分享：一体化战略推进沃尔玛的扩张

沃尔玛是全球最大连锁零售商，总部位于美国阿肯色州的本顿维尔。沃尔玛公司（Wal-Mart）成立于 1962 年，创始人为山姆·沃尔顿（Sam Walton）。沃尔玛之所以能够成为全球最大的连锁零售商，很重要的原因之一就是实施了纵向一体化战略。下面从前向一体化和纵向一体化两个方面来看沃尔玛的扩张。

前向一体化的运用体现在沃尔玛建立了自己的销售组织，使用不同的营销办法来适应不同国家的不同市场需求。从加拿大到阿根廷，再到中国，沃尔玛根据不同国家的风俗习惯调整了所出售的商品种类以及商店陈设。

事实上，沃尔玛并不是第一个进军海外的美国零售商，但却是进军海外最成功的美国零售商。西尔斯公司、凯马特公司等都比沃尔玛进军海外早10多年，然而现在的状况可谓惨败不堪。截至2016年年底，西尔斯已经在过去10年里关了22%的分店，预期为了生存，它将关闭更多分店。

在前向一体化战略基础上，沃尔玛还实施了后向一体化战略。后向一体化的运用体现在沃尔玛实行的低成本战略上。后向一体化战略可以降低公司采购原材料的成本、增加原材料的可获得性以及质量控制权，有助于公司消除库存积压和生产率下降的问题。

众所周知，沃尔玛的经营理念是“天天平价”和“保证满意”。“天天平价”所包含的意思就是降低成本。对于零售业来说，成本领先是主导战略，是公司打败竞争对手、赶超领先者的决定性因素。所以，沃尔玛非常重视成本领先，致力于将成本领先转化为一种无法被竞争对手简单模仿的、长期的、深深扎根于公司之中的竞争能力。

通过成本领先，沃尔玛打造出了核心竞争力，即产品低价、种类多、名牌商品比例大、营业成本低、商店环境友善而温馨、市场扩张快以及售后服务优良等。

成本领先的意识在沃尔玛经营的方方面面都有所体现，包括商店建设、从供应商手里低价拿货源、通过高速分销系统给各个商店配送商品等。如此一来，沃尔玛节约了大量成本，然后以尽可能低的零售价格将商品卖给商店顾客。

凭借纵向一体化的价值链、产业链以及相关发展战略，沃尔玛一跃成为世界上最大的连锁零售公司，其业务遍布全球各地。此外，沃尔玛在生产、营销等方面也采取了创新独特的战略。

8.3 并购方案中的关键条款

无论是公司的领导者，还是并购的负责人，都需要了解与之相关的关键条款。因此，在并购之前，学习一些与缔结并购协议有关的专业知识非常必要。如果没有提前准备，那么很容易在面对并购协议时不知所措。在这种情况下，对方也会趁机占便宜。

对于并购协议来说，估价条款、价格调整条款、价款支付条款、确定基准日、承诺和保证条款是必不可少的框架。哪一方掌握了这个框架，就能够让并购协议对自己更有利，同时也可以从并购中获得更多的优势和好处。

8.3.1 估价条款：确定预估价格

估价条款是并购协议中的一个关键条款，在实际操作时，该条款的谈判时间虽然比较长，但是设置起来十分简单。接下来我们就以股权转让为例，看看估价条款应该包括的内容：在本并购协议下，被并购方根据约定向并购方转让股权的预估价格为人民币 ××× 元。

在确定预估价格时，通常需要考虑资产负债表上记载的股东权益。如果被并购方提供的资产负债表是真实的，而且没有错误，那么这个预估价格就不会调整；如果资产负债表上的股东权益与之前相比发生了变化，那么预估价格就需要进行相应调整。

对于并购方来说，为预估价格留出调整的空间非常必要，这有利于防范和规避并购的风险。此外，要是被并购方的信息和资料披露得不够充分，那么并购方就更应该关注估价条款，否则很可能会使自己的利益遭到损害。

8.3.2 价格调整条款：根据稽核结果调整价格

在并购协议签署之后，并购方将对被并购方的财务、资产、账目等进行稽核，并根据最终的结果对股权的预估价格进行调整。在具体操作时，并购方需要进行以下几项工作。

（1）根据被并购方提供的明细表，对其资产、土地使用权、知识产权等进行查验。如果实际的数量与明细表上记录的数量不相符，则需要参照已有部分的单价调整被并购方的总值和所有者权益。

（2）对资产负债表上列明的货币资金、各项流动资产、应付账款进行稽核，对欠据、借条、坏账进行处理，据此调整被并购方的总值和所有者权益。

（3）对被并购方的存货进行稽核，对不能使用的、超过保质期的、主机报废的备品备件，以及不再上市的包装物进行报废处理，据此调整被并购方的总值和所有者权益。

（4）对各种税款是否缴纳、应付经销商的返利和折扣是否支付或者预提、员工的奖金和福利费用是否预提、员工的保险是否按期缴纳、其他负债项目是否清理完成进行稽核，据此调整被并购方的总值和所有者权益。

通过上述工作，我们可以得到股权的价格（这里是指股权的最终价格，而非股权的预估价格），然后再将这个价格以签署并购协议的方式确定下来。对于并购方来说，稽核和查验等工作应该控制在两个星期以内完成，整个过程需要由专业人士主导。

在日期方面，将稽核和查验等工作安排在交割完成之后比较合适，此举对并购方更有利。因为交割完成就意味着被并购方已经由并购方管理，各项工作的开展会容易和顺利一些。当然，这也是应对被并购方披露不足的有效策略。

8.3.3 价款支付条款：付款方式 + 付款期限

价款支付条款的内容主要是并购方的付款方式和付款期限，该条款有利于规避资金迟迟不到账的风险。下面，我们来看一个价款支付条款的示例。

1. 第一批付款

在本并购协议签署并确保向工商登记机关申请变更登记的各项文件、手续都齐全，且已经完成向工商登记机关申报后的 ×× 日之内，并购方应该按照并购价格的百分之 ×× 向被并购方支付第一批并购价款。

（注：如果是外资并购，第一批付款通常安排在并购协议经过我国政府批准生效之后，被并购方的管理权交割之前。如果采用的是预估价格，则按照预估价格支付第一批付款。）

2. 第二批付款

在工商登记机关核准被并购方的变更申请，被并购方取得新的营业执照后的 ×× 日之内，并购方按照并购价格的百分之 ×× 向被并购方支付第二批并购价款。

3. 第三批付款

在工商登记机关核准被并购方的变更申请，被并购方取得新的营业执照，且并购价格确定后的 ×× 月之内，并购方完成剩余并购价款的支付。

为了规避并购风险，以及顺利取得或然负债（未来可能会出现的负债，通常是因为担保、诉讼、仲裁、产品保修费用等引起的）的赔偿，并购方必须争取把一部分价款滞留在自己的手中。此外，为了减少税务争议，价款支付条款也可以增加这样的内容："经过双方的友好商定：乙方（并购方）同意以税后价款（或不含税价款）________万元（大写：人民币________元）并购甲方（被并购方）百分之 ×× 的股权。"

8.3.4 确定基准日：明确双方利益和责任

在并购中，基准日是双方利益与责任的分水岭。具体来说，在基准日以前，利益和责任归被并购方所有；在基准日以后，利益和责任归并购方所有。鉴于基准日的强大作用，我们需要设置与之相关的条款，例如，明确并购的基准日为 ×××× 年 ×× 月 ×× 日。

在并购协议中，基准日的功能主要有两个：一是自该日起，被并购方不可以进行利润分配，或者转让与处分无形资产、固定资产、土地产权、销售网络等特有资源；二是自该日起，双方可以约定进入共同监管期，也可以约定被并购方订立什么样的合同应该经过并购方的同意。这里需要注意的是，在共同监管期内，并购方也许会向被并购方派遣观察员，以便为被并购方的重大行为背书。

8.3.5 承诺和保证条款：细化双方职责，确保双方利益

承诺和保证条款的作用是明确双方应该承担的责任，该条款对于促进被并购方如实披露、规范操作具有非常重要的意义。在并购协议中，通常需要分别列出被并购方和并购方的承诺和保证条款。

1. 被并购方的承诺和保证条款

被并购方的承诺和保证条款大多以“被并购方为顺利完成并购交易向并购方做出承诺和保证，并购方应该基于这些承诺和保证来进行并购”为开头，其具体内容如下。

（1）被并购方的成立是完全依照法律法规进行的，除了取得工商行政管理机关颁发的营业执照获得营业的资格外，还进行了有效的税务登记、公司代码登记等，并逐年通过年检。

（2）被并购方自成立以来所经历的分立、合并、改制和重组均是依法进行的，其行为合法有效不可逆转，且不存在任何不确定或未尽事项。

（3）被并购方自成立以来一直守法经营，照章纳税，不存在违法经营和偷税、漏税、逃税的情况，不存在被吊销营业执照和强令

关闭的情况。

（4）被并购方自成立以来严格执行国家颁布的财务制度和会计准则，会计账目、凭证、报表等均符合法律法规，且坏账和报废资产均已作核销处理。

（5）被并购方的出资乃至股权的获得完全是依照法律法规操作的，并进行了验资，是合法有效的，且不存在任何未尽责任和争议，不存在出资违约责任或者出资不足责任。

（6）被并购方对股权的出让经过其他股东同意，并取得其他股东放弃优先购买权的声明，同时也取得股东会的批准。

（7）被并购方出让的股权没有设立任何质押和他人权利，且已经根据公司章程的规定履行完内部批准手续，并获得权力机构的有效授权。

（8）被并购方已将基准日之前的资产、账目、负债全部披露给并购方，且不存在产权争议。若并购方遭受或然负债的，被并购方愿意按照本并购协议的约定向其履行赔偿义务。

（9）被并购方保证自 ×××× 年 ×× 月 ×× 日起至本并购协议约定的交付日止，不会减少注册资本、不会低价转让资产、不会赠与资产、不会无偿放弃自己的权益、不会无偿扩大自己的义务、不会分派股息和红利、不会做出有损并购方利益的安排和行为。

（10）被并购方保证自 ×××× 年 ×× 月 ×× 日起至本并购协议约定的交付日止，不会恶意签署有损并购方利益的合同、协议、契约。若确需签署标的额在 ×× 万元以上的合同，被并购方将事先通知并购方。

（11）兜底条款：除上述承诺和保证外，被并购方还承诺和保证将充分披露对并购方可能不利的事件、情况、信息和资料。被并购方在本并购协议下的承诺和保证是不可撤销的。

从实践经验来看，被并购方的承诺和保证条款越多，对并购方就越有好处。因此，在并购合同中，被并购方应该根据实际情况，在最大限度保护自身利益的同时，尽可能多地增加这样的条款，以促进并购的顺利完成。

2. 并购方的承诺和保证条款

并购方的承诺和保证条款大多以“并购方向被并购方承诺和保证如下”为开头，其具体内容如下。

（1）根据法律法规，并购方有资格购买被并购方在本并购协议中出让的股权。

（2）并购方承诺有能力购买被并购方在本并购协议中出让的股权，并保证按照本并购协议如期、如数支付价款。

（3）并购方关于签署本并购协议的行为，已经得到其权力机构的授权和批准。

在一般的并购协议中，由于双方的地位不同，因此各自的承诺和保证条款也存在差异。例如，并购方的承诺和保证条款通常比较少，因为其是买方，主要承担支付价款的责任，所以将这部分内容阐述明白就不会出现太大的问题。

第 9 章

做好尽职调查，投资决策才有依据

尽职调查是融资过程中至关重要而不可或缺的一环，其结果决定了投资者对公司的评价。一份公正严谨的尽职调查报告出炉之后，投资者会以此为依据做出最终决策。

9.1 内容全面：4 项关键信息必不可少

整个尽职调查可以分为四个部分，即财务信息调查、法律信息调查、业务信息调查、个人信息调查。其中，业务信息调查是核心，其余的尽职调查都围绕它展开。

9.1.1 财务信息调查：核查财务报表是否真实全面

通常情况下，财务报表是了解公司财务状况以及经营成果的最好途径，这里面包含了资产负债表、利润表、现金流量表、所有者权益变动表、附表及会计报表附注和财务情况说明书等。

在报告内容中财务分析是最关键的一环。要想做好财务分析，首先要明确分析对象和目的，然后寻求素材并选择合适的分析方法。分析对象和分析目的决定了分析的深度与宽度。

例如，对上市公司的年度业绩做出分析，主要就是围绕关键指标去展示，较少涉及具体的变动以及变动原因。选用标准化的数据则更有利于对分析框架的搭建。

一份完整的财务报表可以帮助我们了解公司近年来的财务状况并预测公司未来的发展趋势。

以我们大家非常熟悉的阿里影业为例。最近几年，阿里影业逐渐占据整个行业的半壁江山，在 2019 年，就有许多阿里影业所参与的电影在票房上取得了惊人的成绩。例如，《流浪地球》《我不是药神》《西虹市首富》等，这些电影既收获了观众的口碑，也为阿里影业创造了相当可观的收入。除此以外，阿里影业旗下的衍生品如旅行青蛙和皮卡丘也为其创造近 7 亿元的商品销售业绩。

从阿里影业在 2019 年 3 月 31 日发布的财务报表中我们可以了解到，在过去的 12 个月内，阿里影业的收入为 30.34 亿元，较上一年同期增长 9%，而净亏损则从上一年的 12.45 亿元收窄为 10 亿元。互联网宣发业务板块实现全年盈利，创收 24.64 亿元，综合开发以及内容制作业务所获得的收入也比上年同期大幅增长。阿里影业经营业务主要有内容制作和研发、宣传发行、娱乐电商和海外业务 4 项，如图 9–1 所示。

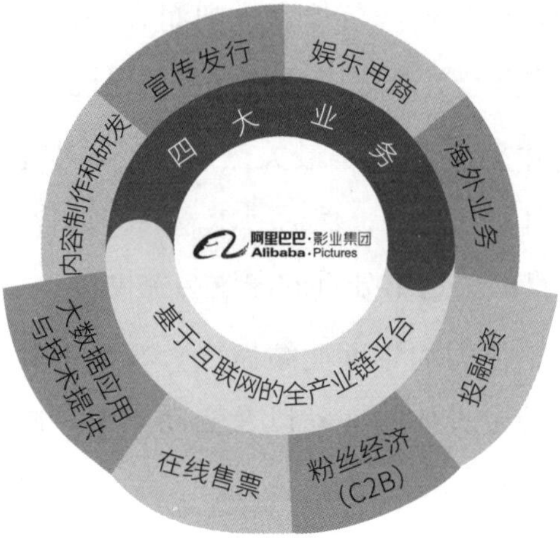

图 9–1 阿里影业业务范畴

综上所述，通过公司财务报告调查，直观的数据显示，让投资者对公司的经营现状有了明确的认知，这些数据展示了公司经营的不同业务的具体情况，帮助投资者对公司未来发展方向进行预判。

9.1.2 法律信息调查：调查法律风险和隐患

在融资的过程中，公司和投资者拥有的信息很可能并不对称。为了避免这一现象，进行法律调查就非常必要。一般来说，法律信息调查的主要内容包括以下几项。

1. 风险因素

通过网站、政府文件、报刊、专业报告等渠道了解行业的相关政策，以及未来发展方向；与公司员工进行谈话，取得公司既往经营业绩发生重大变动的资料，并结合对公司的了解，分析可能对公司产生不利影响的主要因素以及这些因素可能带来的主要危害。

2. 重大合同

对公司的重大合同是否真实、合法，是否存在潜在风险，是否均已提供并进行核查；了解重大合同的订立是否履行了内部审批程序、是否超越权限决策；判断重大合同履行的可能性，关注因不能履行、违约等事项对公司可能产生的危害。

3. 诉讼和担保情况

对公司所有对外担保（包括抵押、质押、保证等）合同进行核查；调查公司内部人员是否存在重大诉讼、仲裁事项，或者涉及刑事案件的情况，评价其对公司经营是否产生重大危害。

4. 税收情况

税收情况可以在很大程度上体现公司是否有隐藏的法律问题。在对税收情况进行调查时，应该从 10 个方面着手，如表 9–1 所示。

表 9–1　税收情况调查

序号	税收情况调查
1	公司是否办理税务登记证
2	公司进行经营活动的主营地与申报纳税地址是否相符
3	公司设立、公司整体变更组织形式时是否代扣代缴自然人股东的个人所得税
4	公司以评估增值转增资本的，是否存在没有代扣代缴自然人股东个人所得税的情况
5	公司以未分配利润转增资本的，个人股股东是否存在未缴纳个人所得税情况

续表

序号	税收情况调查
6	公司是否存在纳税延迟、欠缴税款的情况以及补缴巨额税款的风险
7	公司享受的高新技术税收优惠待遇是否面临风险障碍
8	公司的税务优惠待遇有没有向当地主管税务机关进行确认
9	地方政府给予的公司税收优惠政策有无法律依据
10	公司的税务优惠待遇是否存在风险以及公司享受的税收优惠政策是否改变

9.1.3 业务信息调查：了解业务市场和发展现状

对于尽职调查来说，业务信息调查是不可或缺的一部分，其结果会对投资者的决策产生深刻影响。通常情况下，业务信息调查的主要内容包括以下几项。

1. 处于研发阶段的产品 / 服务的基本资料

最好有一份详细明确的时间计划表，而且还应该了解该公司目前是否有正在开发的知识产权，如果有，则要求其务必配备相关证明。要是有条件，还可以对该公司进行实地走访，例如，参观公司营业地点或者技术研发实验室，这样可以对产品 / 服务的流程有一个更为明晰和直观的认识。

2. 在对公司的产品 / 服务有了一定认识之后，还需要了解市场

例如，了解公司正在经营的产品 / 服务具体是属于什么行业？国家或者地区对于这种行业的态度与政策如何，是鼓励还是限制？

产品/服务所占的市场规模大小、市场结构以及市场分配情况如何？此外，我们还应该对公司现阶段经营的产品/服务的发展趋势做出预测。

3. 通过对行业发展方向的了解，可以更加了解公司的潜力和成长空间

这部分的尽职调查通常比较复杂。第一，了解产品/服务在市场中的销售情况，并根据相关统计数据，预测可能将要发生的变化；第二，了解国家对于产品/服务的相关政策，以及之后可能会发生的政策变化；第三，根据成本利润率、产值利润率、资金利润率、销售利润率、薪酬利润率等指标了解公司的利润水平，以及利润水平发生变动的原因。

4. 经营现状能很好地反映客户和供应商数量、竞争对手数量与情况、业务范畴

这部分尽职调查可以帮助我们了解该公司主要业务的盈利能力和发展潜力，以判断出该公司的行业地位以及是否具有竞争力。我们可以要求对方提供具体的经营数据，以便更加科学地了解不同业务的具体情况，从而帮助我们对公司未来的发展方向进行预判。

9.1.4 个人信息调查：调查公司核心员工个人情况

个人信息调查的重要性也不能忽略，这一部分的尽职调查主要针对核心成员，具体包括以下几项内容。

1. 核心成员任职资格和任职情况

调查了解核心成员的教育经历、专业资格、从业经历及主要业绩，以及在公司担任的职务与职责。

2. 核心成员胜任能力和勤勉尽责

调查了解核心成员之前任职公司的规范运作情况以及该公司经营情况，分析核心成员管理公司的能力。分别与董事长、总经理、相关负责人就公司现状、发展前景等方面问题进行交谈，了解核心成员的胜任能力和勤勉尽责情况。

3. 核心成员薪酬及兼职情况

通过查阅三会文件、与核心成员交流等方法，调查公司为核心成员制订的薪酬方案，以及股权激励方案；调查核心成员在公司内部或外部的兼职情况，分析核心成员的兼职情况是否会对其工作效率、工作质量产生影响。

9.2 方法选择：多种方法综合运用

随着时代的发展以及科技的进步，尽职调查的方法也越来越多种多样，例如，审阅文件资料、相关人员访谈、小组内部沟通等。在熟练掌握这些方法以后，尽职调查将不再复杂，创业者和投资者也都可以变得更加轻松。

9.2.1 查看公司文件资料，筛查异常

通过对公司工商注册、财务报告、业务文件、法律合同等各项资料进行审阅，发现异常及重大问题。

9.2.2 收集网络、杂志等外部信息

通过网络、行业杂志、业内人士等信息渠道，了解公司及其所处行业的情况。

9.2.3 对公司核心人员进行访谈

通过与公司内部各层级、各职能人员，以及中介机构的充分沟通，了解公司及其核心团队的能力。

9.2.4 实地调查公司的环境、资产

查看公司厂房、土地、设备、产品和存货等实物资产。

9.3 遵守原则：保证结果真实

投资者对目标公司进行尽职调查，意在了解该公司的实际情况，

掌握该公司的资金运转信息。为了让这个目的得到更好的实现，相关机构有义务去遵循相关原则，帮助投资者完成工作。

9.3.1 证伪原则：保持怀疑

证伪原则要求站在“中立偏疑”的立场，循着“问题—怀疑—取证”的思路展开尽职调查，用经验和事实来发觉目标公司的投资价值。

9.3.2 实事求是原则：尊重事实

实事求是原则要求依据投资者的投资理念和标准，在客观公正的立场上对目标公司进行调查，如实反映目标公司的真实情况。

9.3.3 突出重点原则：把握调查重点

突出重点原则要求发现并重点调查目标公司的技术或产品特点，避免陷入“眉毛胡子一把抓”的境地。

9.3.4 以人为本原则：对管理团队进行评判

以人为本原则要求在对目标公司从技术、产品、市场等方面进行全面考察的同时，重点注意对管理团队的创新能力、管理能力、诚信程度的评判。

9.3.5 对比分析原则：和市场其他公司进行对比

对比分析原则要求对同行业的国内外公司发展情况，尤其是结合该行业已上市公司在证券市场上的表现进行比较分析，以期发现目标公司的投资价值。

第 10 章

并购方案实施：遵守规范，避免纠纷

在实际执行并购的过程中，有很多需要注意的问题。合法、合规、合理是并购执行的基本要求，创业者需要了解相关知识，按照规范实施并购。

10.1 了解相关法律文件中的注意事项

在公司实施并购的过程中，经常要撰写一些法律文件。为了避免并购出现法律问题，创业者需要提前了解这些文件的注意事项、风险等内容。

10.1.1 形成并购可行性分析报告

在撰写并购可行性分析报告时，我们应该掌握以下几个核心要点。

1. 设计方案

并购可行性分析报告的主要任务是对公司和项目进行评估，在实际操作时应该先了解背景和相关的情况，并以此为基础设计一个合理的方案。

2. 内容真实

并购可行性分析报告涉及的内容必须是真实、可靠的，不能有任何偏差或者失误。此外，并购可行性分析报告中的资料、数据、文件等都必须经过反复核实，以确保其有效性。

3. 预测准确

并购可行性分析报告是做出并购决策之前的活动，是对未来情况，以及可能遇到的问题和结果的估计。因此，其具有一定的预测性。为了让并购决策更科学，我们应该进行深入调查，收集更多的资料，运用切合实际的方法，准确预测发展趋势。

4. 论证严密

除了预测性以外，并购可行性分析报告还具有论证性。要想让这个特点发挥作用，必须采取有效的策略。例如，以影响并购的各种因素为基础，对项目和公司进行系统分析。当然，这里所说的分析既包括宏观分析，也包括微观分析。

10.1.2 完善并购合同，增加附加条款

对于并购合同的撰写，大家要掌握以下几个核心要点。

其一，除了上述范例中的条款以外，其实还可以设置一些附加条款，如员工安排条款、“分手费”条款、审批条款、免责条款、先决条件、过渡条款等。这些附加条款是专门为一些比较特殊的并购而设置的，其内容要更严谨、全面。

其二，在达成并购合同后的30日内，并购方与被并购方应该发布公告。同时，双方还需要与债权人进行协商，就并购之后的债权达成一致意见，以确保并购能够顺利完成。实际上，发布公告主要就是为了让债权人可以申报自己的债权，从而在并购之前就采取相应的措施，保全自己的债权。

其三，在还没有完全了解被并购方的真实情况（有些事情很难在短期内就完全了解），或者双方尚未就未来经营战略达成一致意见之前，最好不要随便签订并购合同。即使要签订，也要把分期并购方案加入并购合同中，这样可以有效控制交易风险。

其四，根据并购的类型设置相关条款。如果是并购部分股权，那么就应该在并购合同中表明，只有排除公司其他股东的优先购买权之后才可以并购；如果是针对控股权的并购，那么就应该把财产以及债务情况展示在并购合同中；如果是针对特定资产并购，那么并购合同中就应该包括特定资产的现状，如是否存在权利瑕疵等。

其五，为了保护并购方的合法权益，并购合同中应该有保障条款，如排他条款、不公开条款、提供资料及信息条款、锁定条款等。这些保障条款可以防止被并购方出现反悔的情况，排除被并购方拒绝被并购的可能性。

对于被并购方、并购方、股东、债权人甚至员工来说，并购都是一件比较大的事情。因此，在撰写并购合同时，应该进行仔细商谈和深入交流，而且还要清楚各项条款的具体内容，以防止并购之后产生不必要的纠纷。

10.2 签署保密协议，避免日后纠纷

商业秘密是一个公司的核心竞争力，它关乎公司的生存和发展，对公司的权力和经济效益至关重要。所以，在并购时签订保密协议是十分必要的。对于没有经验的创业者来说，撰写保密协议并不简单，本节就来解决这个问题。

10.2.1 股权并购保密协议范本

股权并购保密协议

甲方：

法定代表人：

地址：

乙方：

法定代表人：

地址：

因乙方现正在与甲方商谈并购事宜，已经（或将要）

知悉甲方的商业秘密。为了明确乙方的保密义务，有效保护甲方的商业秘密，防止该商业秘密被公开披露或以任何形式泄露，根据《中华人民共和国合同法》《中华人民共和国劳动法》《中华人民共和国反不正当竞争法》有关规定，甲、乙双方本着平等、自愿、公平和诚实信用的原则签订本保密协议。

第一条：商业秘密

1. 本协议所称商业秘密包括：财务信息、经营信息和甲方《文件管理办法》中列为绝密、机密级的各项文件。乙方对此商业秘密承担保密义务。本协议之签订可认为甲方已对自己的商业秘密采取了合理的保密措施。

2. 财务信息指甲方拥有或获得的有关生产和产品销售的财务方案、财务数据等一切有关的信息。

3. 经营信息指有关商业活动的市场行销策略、货源情报、定价政策、不公开的财务资料、合同、交易相对人资料、客户名单等销售和经营信息。

4. 甲方依照法律规定和在有关协议的约定中对外承担保密义务的事项，也属本保密协议所称的商业秘密。

第二条：保密义务人

乙方为本协议所称的保密义务人。保密义务人同意为甲方利益尽最佳努力，在商谈期间不从事任何不正当使用甲方商业秘密的行为。

第三条：保密义务人的保密义务

1. 保证不被披露或使用，包括意外或过失。

2. 在商谈期间，保密义务人，即乙方未经授权，不得以竞争为目的、或出于私利、或为第三人谋利、或为故意加害于甲方，擅自披露、使用商业秘密、制造再现商业秘密的器材、取走与商业秘密有关的物件；不得直接或间接地向甲方内部、外部的无关人员泄露商业秘密；不得向不承担保密义务的任何第三人泄露商业秘密。

3. 如果发现商业秘密被泄露或者自己过失泄露商业秘密，应当采取有效措施防止泄密进一步扩大，并及时向甲方报告。

4. 商谈结束后，乙方应将与工作有关的财务资料、经营信息等交还甲方。

第四条：保密义务的终止

1. 甲方授权同意披露或使用商业秘密。

2. 有关的信息、技术等已经进入公共领域。

3. 甲、乙双方商谈，股权并购事宜履行完毕。

第五条：违约责任

1. 保密义务人，即乙方违反协议中的保密义务，应承担违约责任。

2. 乙方如将商业秘密泄露给第三人或使用商业秘密使甲方遭受损失的，乙方应对甲方进行赔偿，其赔偿数额不少于由于其违反义务所给甲方带来的损失。

3. 因乙方恶意泄露商业秘密给甲方造成严重后果的，甲方将通过法律手段追究其侵权责任。

第六条：争议的解决方法

因执行本协议而发生纠纷的，可以由双方协商解决或共同委托双方信任的第三方调解。协商、调解不成，或者一方不愿意协商、调解的，争议将提交仲裁委员会，按该委员会的规则进行仲裁。仲裁结果是终局性的，对双方均有约束力。

第七条：双方确认

在签署本协议前，甲、乙双方已经详细审阅了协议的内容，并完全了解协议各条款的法律含义。

第八条：协议的效力和变更

1. 本协议自双方签字或盖章后生效。

2. 本协议的任何修改必须经过双方的书面同意。

3. 本协议一式二份，甲、乙双方各执一份。

甲方：（签字或盖章）　　　　乙方：（签字或盖章）

年　月　日　　　　年　月　日

10.2.2　保密协议要点解析

在撰写保密协议时，应该掌握以下几个核心要点。

其一，在撰写保密协议之前，应该根据公司的性质和实际情况分析哪些人员会接触到商业秘密，然后将这些人员列入保密主体的范围。另外，还应该确定保密的范围，如技术信息、经营管理资料、组织性文件、特殊约定的其他商业秘密等。

其二，法律对保密协议的期限没有规定，这也就意味着，保密协议可以是长期的，也可以是短期的。因此，我们可以在保密协议中约定，从签署之日一直到商业秘密公开之日，任何人员都不得披露使用或许可他人使用公司的商业秘密。

其三，明确保密协议中的义务是双向还是单向，哪一方需要进行信息披露，哪一方需要接收和分析信息。把义务明确好以后，就可以在保密协议中保护自身利益。在并购的过程中，被并购方会要求并购方不得披露商业秘密，以及正在谈判的内容和细节。其实，并购方也希望被并购方不披露其身份和交易数据。因此，在保密协议中加入对并购方有利的条款也是可以的，这能够拉近双方的关系，更好地促进并购的完成。

因为发生并购事宜，有些商业秘密可能需要公开。为了明确双方的义务和责任，充分保护双方的商业秘密，防止商业秘密被以任何形式披露出去，我们有必要签订保密协议。此举也为之后可能发生的分歧，以及潜在的风险提供了解决依据。

10.3 并购方案的实施

并购估值定价的目的是让创业者对并购企业进行客观评价，当并购估值价格确定后，企业假如做出并购决定，就进入并购实施的过程。并购实施过程中涉及法律文件签署、股权变更、股权交割等 3 方面内容，本小节将对这 3 方面容进行阐述。

10.3.1 法律流程确认：签署并购意向书

并购过程中签署的法律文件主要有并购意向书、股权转让协议和增资协议 3 种，本小节将主要以并购意向书范本作为示例，帮助大家理解法律文件签署的内容以及意义。

并购意向书是双方当事人通过洽商，就各自的意愿达成共识而签订的书面文件，是签订协议的前奏。

并购意向书是并购方和被并购方原则性的意向，而不是实际的目标和实施战略，所以其与并购协议还是有很大差异的。例如，并购协议的内容必须十分具体，而且还要有很强的可操作性。另外，并购协议应该是经过双方协商，并达成一致同意的，通常不可以修改。

并购意向书虽然也是双方协商的产物，但是在正式签署之后仍然可以修改（修改之前要征求对方的想法，获得对方的认可）。可见，并购意向书只是双方达成一个初步成果，其作用是为之后的谈判做铺垫。只要谈判发展到相应的阶段，双方的权利和义务，以及最终的合作也正式确定下来，那么并购意向书的使命就宣告结束。

并购意向书往往建立在商业信誉的基础上，虽然对并购方和被并购方有一定的约束力，但是不具备法律效力。因此，在撰写并购意向书时，我们只需要把双方已经认可的条款展示出来即可，不必过于吹毛求疵。当然，如果想要后面的环节可以更高效，那么就尽量把并购意向书做得严谨、全面一些。

10.3.2 5 步完成股权变更

股权变更过程需要经过股东会表决、股权交割、修改公司章程、公司变更登记、转让股权公告等 5 个步骤。

第一步，股东会表决

股东在对外转让股权前需征求其他股东意见，如果其他股东愿意放弃优先购买权，才能向股东外第三人转让。因此，股权变更流程的第一步便是召开股东大会，依据法定程序进行表决，只有其他股东过半数同意股权转让且未受让股权的其他股东放弃优先购买权，否则便可能出现无效的法律后果。但公司章程对股权转让另有规定的，依照规定办理。

此外，无论是开股东会决议还是单个股东同意，均要有书面协议，从而避免其他股东事后反悔，导致纠纷产生。

第二步，股权交割

当股东会表决以后，双方签订股权转让协议或股权交割证明。当股权完成交割后，转让人不再担任公司股东，而受让人成为目标公司的新股东。自交割时起，受让人享有股东权益，出让人失去股东权益，股权交割的那一天通常称为股权交割日。

第三步，修改公司章程

公司章程中对股东名称、股权额都有记载，股东交割股权后势必引起股东结构发生变化。所以，依据《中华人民共和国公司法》对股东会职权规定，通过股东会议对公司章程进行修改。受让人作为新股东可以要求股东会进行更换，由其出任或委任新的董事或监事。但如果修改章程时仅涉及股东和出资额的记载，则无须召开股东会表决。

关于修改公司章程的决定，有限责任公司需有代表 2/3 以上表决权的股东同意签署；股份有限公司需有会议主持人及到场的董事签字，包括股东大会会议记录；国企需提交国务院或当地人民政府国有资产监督管理机构的批准文件；一人有限责任公司需提交股东签署的书面决定。

第四步，公司变更登记

工商注册登记变更是指公司章程修改、股东股权变更、董事会变更、监事会变更等向工商行政管理部门申请工商注册登记事项变更。

有限责任公司变更股东的，应当自股东发生变动之日起 30 日内至工商部门办理变更登记。

第五步，转让股权公告

转让股权公布并不是法律规定的必需程序，但对于大规模的公司来说，转让股权公告公布后，可以提升公司管理层的透明度，获取社会公众的信任，尤其是市场交易相对人对公司的信任。

10.3.3 股权交割合理合法

一个人转让股权，也许只想变现。但公司转让股权，与公司经营模式、经营状况有很大关联，市场瞬息万变，股权交割也就屡见不鲜。

在进行股权交割的时候，一定要了解相关的法律规定。最好委托代理人代为处理相关事宜，防止出现不必要的法律风险。

根据国务院发布的《股票发行与交易管理暂行条例》，股份交割后相关的法律规定有以下五个方面。

（1）国家拥有的股份交割必须经国家有关部门批准，同时，交割时不得损害国家拥有的股份的权益。

（2）证券交易场所、证券登记、证券过户、证券经营等机构，需保证外地委托人与本地委托人享有同等待遇，不得差别对待外地委托人。

（3）股份有限公司的董事、监事、高级管理人员和持有公司百分之五以上有表决权股份的法人股东，将其所持有的公司股票在买入后六个月内卖出或者在卖出后六个月内买入，由此获得的利润归公司所有。前款规定适用于持有公司百分之五以上有表决权股份的法人股东的董事、监事和高级管理人员。

（4）股东转让其股份，需在法律规定的证券交易场所进行或依据国务院规定的其他方式进行。

（5）公司发起人持有的本公司股份，在公司成立之日起一年内不得转让。公司公开发行股份前已发行的股份，自公司股票在证券交易所上市交易之日起一年内不得转让。

第三部分

上市管理

第 11 章

上市程序：流程合理，合法合规

当公司发展到一定规模，为了获得更多的资金，公司就需要上市。那么公司该如何上市以及为什么有些公司上市失败了呢？

11.1 上市流程解析，谨慎走好每一步

公司上市需要 6 步，分别是前期准备、改制、进入辅导期、刊登招股说明书、询价与路演、刊登上市公告书并上市交易。

11.1.1 组建上市工作小组，挑选合适中介

公司确定了上市目标之后，首先需要做的就是组建上市工作小组，选择相关的中介机构。

上市工作小组一般由董事长任组长，由董事会秘书、公司财务负责人、办公室主任、相关政府人员作为组员。

公司上市需要找4个中介机构合作，包括证券公司（保荐机构/主承销商）、会计师事务所、律师事务所以及资产评估师事务所。根据《中华人民共和国公司法》《中华人民共和国证券法》等法律法规的相关规定，公司选择的中介机构必须具备资格条件。公司在选择中介机构时应该注意4个方面，内容如图11-1所示。

图11-1 公司在选择中介机构时应该注意的4个方面

第一，有从事证券业务的资格。在我国，从事股票发行上市业务的证券公司必须有保荐承销业务资格，会计师事务所、律师事务所和资产评估师事务所必须具有证券从业资格。

第二，有实力。中介机构的实力体现在执业能力、执业经验和执业质量3个方面。公司选择中介机构之前，要对其执业能力、执业经验和执业质量进行了解，选择具有较强执业能力、熟悉公司所从事行业的中介机构，以保证中介机构的执业质量。此外，中介机构的声誉越好，反映其整体实力越强大。

第三，有合作能力。上市是公司以及各中介机构合作的结果，所以各中介机构之间应该能够进行良好的合作，共同为公司上市努力。保荐机构与律师、会计师之间尤其需要协同合作。

第四，费用合理。上市的成本非常高，还有失败的可能，所以在中介机构身上花费的费用是控制上市成本需要考虑的一大因素。具体收费标准可以参考业内平均标准，然后与中介机构协商确定。

11.1.2 公司改制，变更为股权公司

只有股权公司才能上市，所以有限责任公司在申请上市之前就必须改制为股权公司，具体可以从以下几个方面着手。

一是净资产折股。

二是召开创立大会及董事会、监事会。

三是申请登记注册。

11.1.3 接受辅导，进行上市前准备

按照中国证监会的有关规定，拟上市公司在向中国证监会提出上市申请前，均须由具有主承销资格的证券公司进行辅导，辅导期限至少 3 个月。拟上市公司接受上市辅导的一般程序，内容如图 11–2 所示。

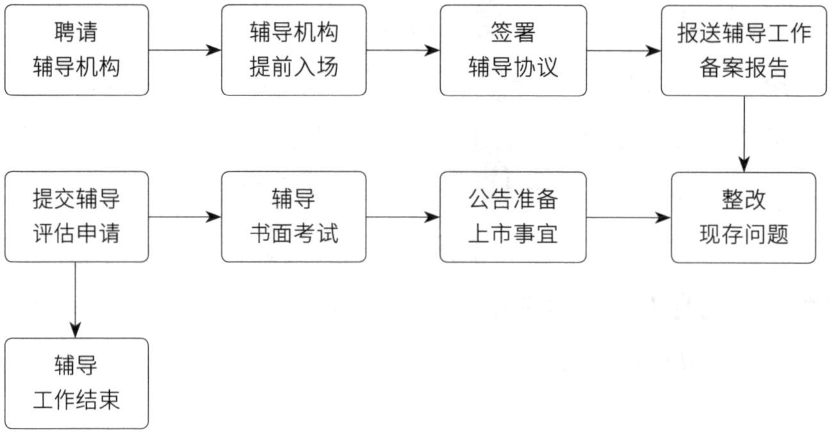

图 11-2 拟上市公司接受上市辅导的一般程序

1. 聘请辅导机构

选择辅导机构时，拟上市公司要综合考察证券公司的独立性、资信状况、专业资格、研发力量、市场推广能力、具体承办人员的业务水平等因素。《证券经营机构股票承销业务管理办法》第十五条规定："证券经营机构持有公司 7% 以上的股权，或是其前五名股东之一，不得成为该公司的主承销商或副主承销商。"一般情况下，保荐机构为拟上市公司的主承销商，辅导机构可以与保荐机构合二为一，也可以另行聘请。

2. 辅导机构提前入场

上市辅导是改制完成后正式开始的，但由于改制是上市准备工作的重点内容，所以选定辅导机构之后，可以让辅导机构尽早介入拟上市公司的上市规划流程。

3. 签署辅导协议

股份有限公司成立后，公司需要与辅导机构签署正式的辅导协议。另外，公司与辅导机构需要在辅导协议签署后 5 个工作日内到公司所在地的证监会派出机构办理辅导备案登记手续。

4. 报送辅导工作备案报告

辅导开始后，辅导机构定期向证监会派出机构报送辅导工作备案报告。

5. 整改现存问题

在辅导过程中，辅导机构会针对拟上市公司现存问题提出整改建议，然后由公司整改现存问题。如果公司遇到难以解决的问题，可以尝试征询权威部门的建议，尽快解决问题。

6. 公告准备上市事宜

拟上市公司需要在辅导期内就接受辅导、准备上市事宜在媒体公告，接受社会监督。公告后，证监会派出机构有可能收到关于拟上市公司的举报信，然后组织相关调查，公司应当积极配合调查，消除上市过程中的风险。

7. 辅导书面考试

在辅导期内，辅导机构会对接受辅导的人员进行至少一次的书面考试，全体应试人员的成绩达到合格为止。

8. 提交辅导评估申请

辅导期结束后，辅导机构如果认为拟上市公司已经达到上市标准，需要向证监会派出机构报送“辅导工作总结报告”，提交辅导评估申请。如果辅导机构和拟上市公司认为没有达到计划目标，可以向证监会派出机构申请适当延长辅导时间。

9. 辅导工作结束

证监会派出机构收到辅导机构提交的辅导评估申请后，会在 20 个工作日内完成对辅导工作的评估。如果评定为合格，会向中国证监会出具“辅导监管报告”，发表对辅导效果的评估意见，这意味着辅导结束。如果证监会派出机构认为辅导评估申请不合格，会根据实际情况要求延长辅导时间。

11.1.4 公布招股说明书，公布上市细节

公司首次公开发行股票，上市交易之前需要刊登招股说明书。招股说明书包括 5 个部分，内容如图 11–3 所示。

拟上市公司制作招股说明书时需要注意以下 6 个问题。

第一，说明风险因素与对策时，给出有效的应对之策，可以增强信服力。

第二，说明募集资金的运用时，具体说明资金流向了哪些项目。

第三，具体介绍公司上市后的股利分配政策，让投资者和股民了解可以得到的回报。

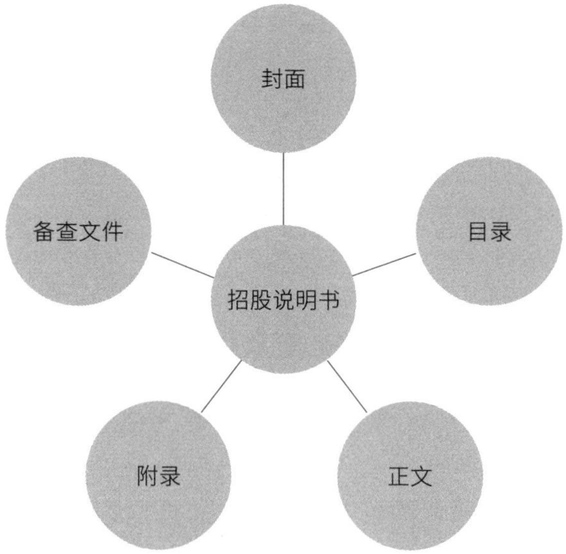

图 11-3　招股说明书的 5 个部分

第四，给出过去至少 3 年来的经营业绩，说明公司经营的稳定性。

第五，说明公司的股权分配情况，重点介绍发起人、重要投资者的持股情况。

第六，预测盈利，精准预测公司未来的盈利状况直接关系到公司股票的发行情况。

发起人可以研读已上市公司的招股说明书，然后结合自身公司撰写招股说明书。一般情况下，在发出上市申请的时候，招股说明书的申报稿就已经完成。在发行上市之前，公司需要与证券交易所协商招股说明书的定稿版，然后在证券交易所官网刊登招股说明书。

11.1.5 询价与路演，寻找投资者

在刊登招股说明书以后，拟上市公司与其保荐机构需要开展询价路演活动，通过向机构投资者询价的方式确定股票的最终发行价格。询价包括初步询价和累计投标询价两个步骤。

首先是初步询价，即拟上市公司及其保荐机构向机构投资者推介和发出询价函，以反馈回来的有效报价上下限确定的区间为初步询价区间。

其次是累计投标询价。如果投资者的有效申购总量大于本次股票发行量，但是超额认购倍数小于 5，那么以询价下限为发行价；如果超额认购倍数大于 5，那么从申购价格最高的有效申购开始逐笔向下累计计算，直至超额认购倍数首次超过 5 倍为止，以此时的价格为发行价。在中小板上市发行股票时，基本不需要累计投标询价。

在询价期间，拟上市公司会通过路演活动向社会对拟上市公司的股票进行推广。通俗来讲，路演是指公开发行股票的公司通过公开方式向社会推介自己股票的说明会，目的是吸引投资者。路演分为 3 个阶段，内容如图 11–4 所示。

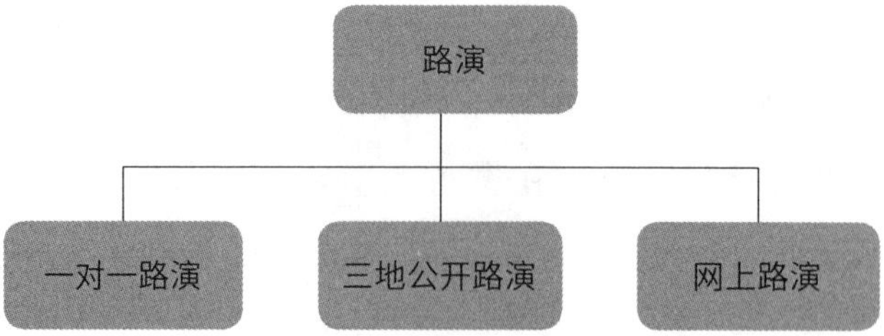

图 11–4 路演的 3 个阶段

第一阶段是一对一路演。顾名思义，一对一路演是指拟上市公司和券商的资本市场部以及 IPO 项目组带着招股说明书、投资研究报告、公司宣传片、PPT 以及定制小礼物等到北上广深等一线城市拜会投资者，进行一对一的沟通和推介。

第二阶段是三地公开路演。三地公开路演一般是指拟上市公司在北京、上海、深圳三地公开召开推介会议，邀请基金、券商、资产管理公司、私募等机构投资者参加。会议内容与一对一路演相似，没有本质区别，主要区别是听众更多。

第三阶段是网上路演。网上路演是指拟上市公司的管理层、保荐团队代表通过网上投资者互动平台回答股民针对公司上市提出的各种问题。在开展网上路演环节之前，公司股票的首日发行价已经确定下来，对发行结果和网上认购数量没有多少影响。

11.1.6 发布上市公告书，上市交易

上市公告书的内容应当概括招股说明书的基本内容和公司近期的重要材料，主要包括以下几个部分：证券获准在证券交易所交易的日期和批准文号，公司概况，股票发行与承销情况，公司创立大会或股东大会同意公司证券在证券交易所交易的决议，公司董事、监事及高级管理人员简历和持股情况，公司近 3 年来或成立以来的经营业绩和财务状况以及下一年的溢利预测文件，主要事项揭示，上市推荐意见，备查文件目录等。

11.2 触碰上市禁忌，上市之路遥遥无期

有些公司做足了相关准备，但还是上市失败了。这是因为它们的创始人没有提前了解上市的相关禁忌，导致公司触碰了上市的红线。

11.2.1 上市的五大红线不可碰

上市有五大红线，一旦触碰，不仅会导致上市失败，还会损坏公司的名誉。下面，我们一起来看看公司需要警惕的五大红线，具体如图 11-5 所示。

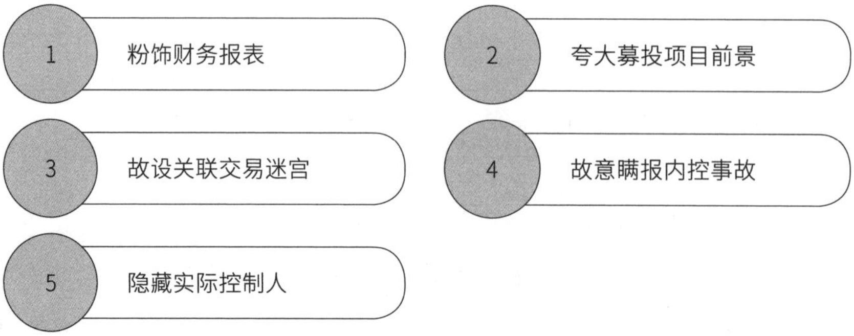

图 11-5 上市的五大红线

1. 粉饰财务报表

上市的第一大红线是粉饰财务报表，其操作手法有 3 种，包括通过调节营业外收入骗取虚假补贴、调节公允价值、虚增应收账款。拟上市公司必须避免这 3 种操作手法。

有些公司通过粉饰财务报表通过了中国证监会的首发审核，等到中国证监会进行“财务打假”时，便无法鱼目混珠。

总而言之，上市是发展到一定规模水到渠成的事情，如果采取一些非法手段，即便通过了审核，可以上市，在后期发展过程中还会出现更多问题。

2. 夸大募投项目前景

上市的第二大红线是夸大募投项目前景，其操作手法有 3 种，包括收买调查机构制造假研报、虚报产品定价、虚报市场地位和市场需求。这 3 种操作手法都有可能导致上市被否，创业者必须警惕。

3. 故设关联交易迷宫

上市的第三大红线是故设关联交易迷宫，这主要是指拟上市公司通过与关联公司进行关联交易，以不公允的价格买卖产品，调节收入或支出报表。故设关联交易迷宫的操作手法有 3 种，包括关联交易非关联化、隐蔽的非关联方利益输送、明显的关联方利益输送。

例如，中国证监会在审核的过程中，一般会关注公司交易的程序以及价格。如果与规定情况相差较多，中国证监会就会认定拟上市公司存在关联交易非关联化问题，然后否决其上市申请。

4. 故意瞒报内控事故

上市的第四大红线是故意瞒报内控事故，这主要是指拟上市公司通过隐瞒内部控制混乱、管理问题以及安全事故等公司问题而获取上市资格。

一家拟上市公司因为无法向中国证监会证实自身对加盟店的管控能力所以上市被否。该公司在3年内的加盟店收入分别调减2亿多元，后来又声称是部分加盟店没有使用公司的品牌开展经营或者同时经营其他品牌导致的。然而，中国证监会发审委认为，经历如此重大的调整，公司对加盟店管控制度的有效性无法证实，故否决了其上市申请。

另外，有的拟上市公司发生重大安全事故，导致数名员工死亡，却通过瞒报信息获得了上市资格。中国证监会据此认为这种公司不具备上市资格，上市失败是注定的。

5. 隐藏实际控制人

上市的第五大红线是隐藏实际控制人，这指的是通过复杂的股权转让操作、分散的股权设置和极度分权的董事会达到让外界看不清实际控制人的目的。对于该红线，中国证监会将重点审查拟上市公司的主体资格。也就是说，如果发现拟上市公司隐藏实际控制人，中国证监会就会以主体资格不符合上市要求为由否决拟上市公司的上市申请。

近年来，被否公司主体资格问题主要表现在4个方面，包括历史出资问题、主营业务发生变化、实际控制人有变化、管理层有重大变化。此外，一些公司还因为股权结构复杂、分散，让人看不清实际控制人，也导致了上市被否。

有的公司在上市申请报告期内发生管理层变化，不仅多名董事被替换，还涉嫌隐藏实际控制人，只有几个持股超过10%的股东。可想而知，这样的公司肯定无法顺利上市。

11.2.2 细节不到位，上市申请同样被否

除了触碰五大红线以外，IPO 被否还有一些其他的原因。主要包括 3 个，如图 11-6 所示。

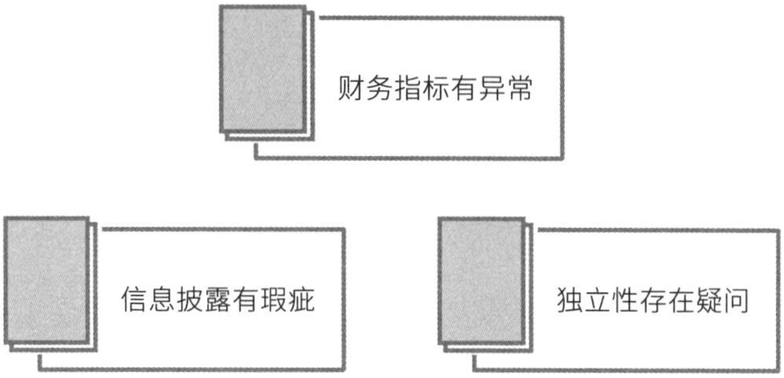

图 11-6 IPO 被否的原因

1. 财务指标有异常

与以前相比，中国证监会对拟上市公司的“持续盈利能力”这一条件有所放宽，但是很多公司依然因为这一问题上市被否。财务指标是拟上市公司披露的基础性信息，必须真实、准确、完整。

《首次公开发行股票并上市管理办法》第二十三条规定：“发行人会计基础工作规范，财务报表的编制符合公司会计准则和相关会计制度的规定，在所有重大方面公允地反映了发行人的财务状况、经营成果和现金流量，并由注册会计师出具了无保留意见的审计报告。”

分析近年来拟上市公司上市被否的情况可知，因为销售毛利率异常、经营活动净现金流与净利润差异明显导致上市被否的公司非常多。

2. 信息披露有瑕疵

中国证监会对公司的持续盈利能力要求有所降低，但是对信息披露的准确性和完整性要求越来越高。信息披露问题主要表现在 4 个方面，包括不清楚、不准确、不完整、存在重大遗漏或诱导性。

3. 独立性存在疑问

由于独立性是影响公司持续盈利能力的最核心因素，所以中国证监会将公司独立性作为审查重点。

第 12 章

跳过上市风险陷阱，让公司获得长远发展

公司上市后，依然存在很多风险，稍不留意就可能导致公司退市或出现重大经营风险。为了避免这些风险，创始人应做好信息披露工作、谨防内幕交易、明确监管机制，以避免错误操作毁了公司。

12.1 信息披露很重要

信息披露指上市公司以招股说明书、上市公告书等形式，把与公司相关的信息，向投资者及社会公众公开的行为。信息披露是上市公司向投资者和公众沟通的桥梁。

12.1.1 定期进行公司信息披露

信息披露的基本内容包括：业绩快报，是对上年同期的相关

数据的整理汇报；定期报告，就是年度报告、半年度报告、季度报告；业绩预告，要注重对时间的限制，在规定时间内进行；临时报告，就是对重大事件或者是有影响的事件的报告。

《中华人民共和国证券法》规定，发生可能对上市公司股票交易价格产生较大影响的重大事件，投资者尚未得知时，上市公司应当立即将有关该重大事件的情况向国务院证券监督管理机构和证券交易所报送临时报告，并予公告，说明事件的起因、目前的状态和可能产生的法律后果。

下列情况为应当报送临时报告的重大事件。

（1）公司的经营方针和经营范围的重大变化。

（2）公司的重大投资行为和重大的购置财产的决定。

（3）公司订立重要合同，可能对公司的资产、负债、权益和经营成果产生重要影响。

（4）公司发生重大债务和未能清偿到期重大债务的违约情况，或者发生大额赔偿责任。

（5）公司发生重大亏损或者重大损失。

（6）公司生产经营的外部条件发生的重大变化。

（7）公司的董事、1/3 以上监事或者经理发生变动；董事长或者经理无法履行职责。

（8）持有公司 5% 以上股权的股东或者实际控制人，其持有股权或者控制公司的情况发生较大变化。

（9）公司减资、合并、分立、解散及申请破产的决定；或者依法进入破产程序、被责令关闭。

（10）涉及公司的重大诉讼、仲裁，股东大会、董事会决议被依法撤销或者宣告无效。

（11）公司涉嫌违法违规被有权机关调查，或者受到刑事处罚、重大行政处罚；公司董事、监事、高级管理人员涉嫌违法违纪被有权机关调查或者采取强制措施。

（12）新公布的法律、法规、规章、行业政策可能对公司产生重大影响。

（13）董事会就发行新股或者其他再融资方案、股权激励方案形成相关决议。

（14）法院裁决禁止控股股东转让其所持股权；任一股东所持公司 5% 以上股权被质押、冻结、司法拍卖、托管、设定信托或者被依法限制表决权。

（15）主要资产被查封、扣押、冻结或者被抵押、质押。

（16）主要或者全部业务陷入停顿。

（17）对外提供重大担保。

（18）获得大额政府补贴等可能对公司资产、负债、权益或者经营成果产生重大影响的额外收益。

（19）变更会计政策、会计估计。

（20）因前期已披露的信息存在差错、未按规定披露或者虚假记载，被有关机关责令改正或者经董事会决定进行更正。

（21）中国证监会规定的其他情形。

12.1.2 信息披露有原则，遵守原则才合法

上市公司进行信息披露时，必须要保证信息的真实性，拒绝虚假记载及陈述；保证信息的准确性，不得夸大和误导；保证披露完整性，文件齐备，格式符合规定；保证及时性，不得超过规定期限；保证公平性，不可以偏袒特定对象。上市公司要遵守信息披露原则，保证信息的公开、公平、公正。

1. 真实性：拒绝虚假记载及陈述

根据《上市公司信息披露管理办法》，真实，是指上市公司及相关信息披露义务人的信息应当以客观事实或者具有事实基础的判断和意见为依据，如实反映客观情况，不得有虚假记载或不实陈述。

《中华人民共和国证券法》第七十八条第三款明确要求，“各种传播媒介传播证券市场信息必须真实、客观，禁止误导”。这就要求各类传播媒介在其业务活动中要充分尽到审核义务，对各类信息的真伪度进行辨别，保证经其传播的信息真实、完整、可靠，同时应该禁止一切形式的编造与误导。

2. 准确性：不得夸大和误导

根据《上市公司信息披露管理办法》，准确，是指上市公司及相关信息披露义务人披露的信息应当使用明确、贴切的语言和简明扼要、通俗易懂的文字，引用的财务报告、盈利预测报告应由具有证券期货相关业务资格的会计师事务所审计或审核，引用的数据应当提供资料来源，事实应充分、客观、公正，不得含有任何宣传、广告、恭维或者夸大等性质的词句，不得有误导性陈述。

公司披露预测性信息及其他涉及公司未来经营和财务状况等信息时，应当合理、谨慎、客观。

3. 完整性：文件齐备，格式符合规定

根据《上市公司信息披露管理办法》，完整，是指上市公司及相关信息披露义务人披露的信息应当内容完整、文件齐备，格式符合规定要求，不得有重大遗漏、忽略和隐瞒。

信息披露的完整性就是要求公司所公开的信息能够正确反映经济活动的现实情况或发展趋势。公司进行信息披露时要保证完整性就必须文件齐备，格式符合规定，只有这样才能保证信息披露内容完整。

4. 及时性：不得超过规定期限

根据《上市公司信息披露管理办法》，及时，是指上市公司及相关信息披露义务人应当在本规则规定的期限内披露所有对公司股票及其衍生品种交易价格可能产生较大影响的信息。

一是定期报告的法定期间不能超越；二是重要事实的及时报告制度，当原有信息发生实质性变化时，信息披露的责任人应及时更改和补充，使投资者获得真实有效的信息。

信息披露的及时性直接影响公司的发展，公司信息披露如果不及时就会造成公司的信息不对称，从而影响公司的经营。

5. 公平性：不可以偏袒特定对象

根据《上市公司信息披露管理办法》，公平，是指上市公司及相关信息披露义务人应当同时向所有投资者公开披露重大信息，确保

所有投资者可以平等地获取同一信息，不得私下提前向特定对象单独披露、透露或者泄露。

12.2 谨防落入内幕交易陷阱

内幕交易指证券交易内幕信息知情人违反法律规定，在信息公开前，向他人泄露或买卖证券信息的行为。内幕交易违反了证券市场“公开、公平、公正”的原则，侵犯了广大投资者的知情权和财产权，是《中华人民共和国证券法》明文禁止的行为。

12.2.1 3类内幕交易需谨记，避免祸从口出

常见的内幕交易主要有3类，一是自我交易，二是建议他人交易，三是泄露内幕信息。

1. 自我交易

买卖证券包括以本人名义，直接或委托他人买卖证券，或者以他人名义买卖证券，或者为他人买卖证券。其中，以他人名义买卖证券较难认定。目前采用的标准是以资金来源和收益所得进行认定，即紧盯资金的来源与去向。

若提供证券或资金给他人购买证券，且该他人所持有证券之利益或损失，全部或部分归属于本人，或对他人所持有的证券具有管

理、使用和处分的权益，则属于以他人名义进行的买卖行为。

2. 建议他人交易

建议他人交易指向他人提出买卖相关证券的建议。建议方应为内幕人，被建议方应为非内幕人。行为方面，建议方并不是直接将内幕信息提供给他人，而是基于其掌握的内幕信息，建议他人从事证券交易。建议方起到鼓励、推动和指导的作用。

3. 泄露内幕信息

这类内幕交易包括以明示或暗示方式向他人泄露内幕信息。这种类型的内幕交易的成立，不要求接收内幕信息的人知道或是接受了掌握信息者的意思。只要掌握信息者将内幕信息泄露给他人，这就已经构成了内幕交易。

这种认定方式对于界定内幕交易而言是十分便利的，但是其也存在一定的不足之处。例如，当接收信息的人再次将内幕信息泄露给第三人，第三人也有可能继续将内幕信息透露给其他人甚至更多的人。

12.2.2 内幕交易需担责：刑事责任 + 行政责任 + 民事责任

在证券交易的过程中，创业者会碰到内幕交易这种破坏公平的行为。这种行为极大地损害了交易者的利益。根据《中华人民共和国证券法》，内幕交易将根据不同的情节和危害后果承担不同的责任，包括刑事责任、行政责任和民事责任。

《关于审理证券行政处罚案件证据若干问题的座谈会纪要》（以

下简称《纪要》）认为，监管机构提供的证据能够证明以下情形之一，且被处罚人不能作出合理说明或者提供证据排除其存在利用内幕信息从事相关证券交易活动的，人民法院可以确认被诉处罚决定认定的内幕交易行为成立。

（1）《中华人民共和国证券法》第七十四条规定的证券交易内幕信息知情人，进行了与该内幕信息有关的证券交易活动。

（2）《中华人民共和国证券法》第七十四条规定的内幕信息知情人的配偶、父母、子女以及其他有密切关系的人，其证券交易活动与该内幕信息基本吻合。

（3）因履行工作职责知悉上述内幕信息并进行了与该信息有关的证券交易活动。

（4）非法获取内幕信息，并进行了与该内幕信息有关的证券交易活动。

（5）内幕信息公开前与内幕信息知情人或知晓该内幕信息的人联络、接触，其证券交易活动与内幕信息高度吻合。

1. 刑事责任

在刑事责任上，主要有罚金和有期徒刑两种形式。

《中华人民共和国证券法》第一百八十三条规定："内幕交易构成犯罪的，要追究刑事责任。"

《中华人民共和国刑法》第一百八十条规定："证券交易内幕信息的知情人员或者非法获取证券交易内幕信息的人员，在涉及证券的发行、交易或者其他对证券的价格有重大影响的信息尚未公开前，买入或者卖出该证券，或者泄露该信息，情节严重的，处五年以下有期徒刑或者拘役，并处或者单处违法所得一倍以上五倍以下罚金。情节特别严重的，处五年以上十年以下有期徒刑，并处违法所得一倍以上五倍以下罚金。单位犯前款罪的，对单位判处罚金，并对直接负责的主管人员和其他直接责任人员，处五年以下有期徒刑或者拘役。”

2. 行政责任

在行政责任上，《中华人民共和国证券法》第一百八十三条规定，违反禁止内幕交易的，处以没收违法所得，并处以违法所得一倍以上五倍以下的罚款；证券监管机构工作人员违法进行内幕交易，对其处罚要加重。

《证券市场禁入暂行规定》第四条至第十条规定了市场禁入者的认定。被认定为市场禁入者的人员，将在三年到五年内，甚至永久性地不得从事证券业务或担任公司高级管理人员。

根据《中华人民共和国证券法》：证券交易内幕信息的知情人或者非法获取内幕信息的人，在涉及证券的发行、交易或者其他对证券的价格有重大影响的信息公开前，买卖该证券，或者泄露该信息，或者建议他人买卖该证券的，责令依法处理非法持有的证券，没收违法所得，并处以违法所得一倍以上五倍以下的罚款；没有违法所得或者违法所得不足三万元的，处以三万元以上六十万元以下的罚款。单位从事内幕交易的，应当对直接负责的主管人员和其他直接责任人员给予警告，并处以三万元以上三十万元以下的罚款。证券监督管理机构工作人员进行内幕交易的，从重处罚。

3. 民事责任

根据《中华人民共和国证券法》的相关规定：内幕交易行为给

投资者造成损失的，行为人应当依法承担民事赔偿责任。在民事责任上，《中华人民共和国证券法》相对于原来的《股票发行与交易管理暂行条例》而言，取消了追究民事责任的原则性规定，规定了造成损失的情况下必须承担民事赔偿责任。

12.2.3 了解短线交易限制，规范投资行为

短线交易是指上市公司的董事、高管、监事以及大股东在法定时间内对公司的股票进行买进或卖出的行为。综合地看，短线交易的限制对象有以下两类。

1. 上市公司的董事、监事、高级管理人员

我国在 1993 年国务院发布的《股票发行与交易管理暂行条例》中对短线交易行为已有所规定。该条例第三十八条规定，股份有限公司的董事、监事、高级管理人员和持有公司百分之五以上有表决权的法人股东，将其所持有的公司股票在买入后六个月内卖出或卖出后六个月内买入，由此获得的利润归公司所有。

该条款对于短线交易的限制对象非常清楚、明确，即短线交易的限制的主体为上市公司董事、监事、高级管理人员、持有上市公司股权百分之五以上的股东。

2. 持有上市公司百分之五以上股权的股东

《股票发行与交易管理暂行条例》第四十二条规定，持有一个股份有限公司已发行的股权百分之五的股东，将其所持有的该公司的股票在买入后六个月内卖出，或者在卖出后六个月内又买入，由此

所得收益归该公司所有，公司董事会应当收回该股东所得收益。

公司董事会不按规定执行，致使公司遭受损失的，负有责任的董事依法承担连带赔偿责任。但是，它将短线交易的对象仅限制为持股5%以上的大股东，从而排除了对公司董事、监事、经理的适用。这是不妥当的，在实践中可能产生负面作用。

此外，短线交易的限制时间也非常重要。《中华人民共和国证券法》第四十七条规定："上市公司董事、监事、高级管理人员、持有上市公司股权百分之五的股东，将其持有的该公司的股票在买入后六个月内卖出，或者在卖出后六个月内又买入，由此所得收益归该公司所有，公司董事会应当收回其所得收益。"除此之外的账户买入卖出不受六个月的限制。

以前没有此项制度的时候，公司经营者凭借对公司的经营过程的了解，在股票市场当中赚取差价从而获取不当利益，对于股东来说相当不公平，甚至损害了股东的权益。例如：某公司高管利用自己对公司的了解，将公司股票在买入六个月之内又将其卖出，他在中间赚取了差价。这就构成了短线交易。

此项规定的实施，使股东有权要求董事会来查清楚关于价格异常等事件，并且董事会应当在三十天内执行这项要求。过去因为一些经营者利用对公司的了解通过买入卖出股票赚取差价，因而导致股东权益受到损害，现在如果再出现这样的情况，有可能因为出现短期交易而受到相应的惩罚。

《中华人民共和国证券法》第四十七条所称"买入"和"卖出"，并不局限于通过证券交易所的证券交易，协议转让、股权激励行权等其他方式也可能被视为"买入"和"卖出"行为。

举个例子来说明，某年 1 月 26 日，某集团的副总经理王某以股权激励股票期权行权的方式，卖出公司股票 78000 股；但是还是在同年的 1 月 30 日，王某又买入公司股票 32000 股（新增 + 存量无限售流通股），这就构成了短线交易。

附录一

并购意向书

并购意向书

签订时间：

签订地点：

下列各方均已认真阅读和充分讨论本意向书，并在完全理解其含义的前提下签订本意向书。

甲方（转让方）：

住所：

法定代表人：

乙方（受让方）：

住所：

法定代表人：

鉴于：

1. 甲方是一家依据我国法律于________年____月____日在____市工商行政管理局注册成立的有限责任公司，依法持有A公司____%股权，而A公司是一家于________年____月____日在________市工商行政管理局注册成立的有限责任公司。

2. 乙方是一家依据我国法律于________年____月____日在____市工商行政管理局注册成立的有限公司，拟并购甲方持有的A公司____%股权。

甲、乙双方经协商一致，依据《中华人民共和国合同法》《中华人民共和国公司法》及相关法律法规的规定，达成如下协议，以资共同遵守。

第一条　目标公司概况

目标公司成立于________年____月____日，注册资本：人民币____万元，法定代表人：________住所：____________________。

第二条　标的股权

本次并购的标的股权，为甲方持有的A公司____%股权。甲方同意以本意向书所确定的条件及价格，转让标的股权；乙方同意以上述价格受让该股权。

第三条　股权转让价格及支付方式

1. 甲、乙双方同意，乙方将以现金方式完成标的股权的并购。

2. 若无其他约定，在本次并购的过程中，股权转让价款应当以人民币计价和支付。

3. 如确定并购，甲、乙双方一致同意本意向书项下约定的股权转让价格为__________元整（￥_______），但最终以甲、乙双方正式签订的股权转让协议的具体约定为准。

4. 并购价款的支付方式、支付条件及支付期限，由甲、乙双方在《股权转让协议》或其后附的补充协议中确定。

第四条　并购方案（视股权比例而定）

并购完成后，乙方持有 A 公司 100% 股权，A 公司成为乙方的全资子公司；甲方不再持有 A 公司的任何股权，并退出其经营管理。

第五条　相关问题的沟通、解答和补充

对于尽职调查报告与甲方披露的材料中有疑问或问题的，乙方可以要求甲方进行补充披露或自己进行补充调查，甲方应予以配合。

第六条　股权转让基准日

1. 本意向书所称股权转让计价基准日是指确定目标公司股东权益的时日，自该日起转让股权在目标公司的利益转归受让方享有。

2. 本意向书项下的股权转让计价基准日暂定为_______年____月____日。

第七条　或有债务及新债务

1. 甲方在此确认：将在乙方委托审计时向乙方全面、真实地说明目标公司已经存在的资产及债务情况，目标公司并不存在未披露的其他或然的债务或可能产生债务的事由，甲方对未被披露但已实际发生或因股权转让日之前的事由而致将来产生的全部债务向乙方承担等额的返还赔偿责任。

2. 甲方在此确认：除已披露、双方已认可的债务外，尽职调查的审计终止日起至股权交割日，目标公司如发生任何新的债务或费用支出，甲方应实时书面通知乙方，并得到乙方的确认且股权转让价格随之调整，否则，由甲方承担等额的返还赔偿责任。

第八条　声明和保证

1. 甲方保证在签订本意向书时，目标公司拥有的资产未设置任何抵押、质押等他项权利，未被任何司法机关查封。甲方持有的目标公司股权未设置任何质押等他项权利，未被任何司法机关查封。

2. 甲方保证目标公司未对除已向乙方披露之外的任何人提供任何形式的担保。

3. 甲方保证在本意向书签订后，不会擅自采取任何方式处置目标公司的部分或全部资产，该处置包括但不限于质押、抵押、担保、租赁、承包、转让或者赠与等方式。如确需处置则事先应书面通知乙方。

4. 甲方保证目标公司为依照中国法律设定并有效存续的，具有按其营业执照进行正常合法经营所需的全部有效政府批文、证件和许可。

5. 甲方承诺目标公司在股权转让协议签订前所负的一切债务，由甲方承担；有关行政、司法部门对目标公司被此次并购之前所存在的行为所做出的任何提议、通知、命令、裁定、判决、决定所确定的义务，均由甲方承担。

第九条　费用分担

无论并购是否成功，因并购发生的费用按如下约定进行分摊。

1. 双方基于并购而支出的工作费用，包括差旅费、人员工资、资料刊印费、办公开支等，由各方自行承担。

2. 双方基于并购而支出的聘请相关中介为其服务的费用，包括聘请律师、投资顾问、财务顾问、技术顾问的费用等，由各方自行承担。

第十条　协议的效力和变更

1. 本意向书自双方签字或盖章后生效。

2. 本意向书的任何修改必须经过双方的书面同意。

3. 本意向书一式二份，甲、乙双方各执一份。

甲方：（签字或盖章）　　　　　　　　乙方：（签字或盖章）

附录二

并购合同

并购合同

转让方：（以下简称甲方）

住址：

身份证号码：

联系电话：

受让方：（以下简称乙方）

住址：

身份证号码：

联系电话：

上海市________有限公司（以下简称 A 公司）于________年 3 月 9 日在上海市设立，由甲方与________合资经营，注册资金为人民币 50 万元。其中，甲方占 50% 的股权。现在，甲方自愿将这部分股权转让给乙方，乙方也同意受让。现甲、乙双方根据《中华人民共和国公司法》和《中华人民共和国合同法》的规定，经协商一致，就转让事宜达成如下协议：

一、转让的价格及转让款的支付期限和方式

1. 甲方占有 A 公司 50% 的股权，根据 A 公司章程规定，甲方应出资人民币 25 万元，实际出资人民币 25 万元。现甲方将其占 A 公司 50% 的股权以人民币 11 万元（大写：壹拾壹万元）转让给乙方。

2. 乙方应于本合同生效之日起按前款规定的币种和金额将股权转让款以银行转账方式分三次支付给甲方，具体支付安排如下：

第一期，应在________年 4 月 1 日前支付转让款 5 万元（大写：伍万元）；

第二期，应在________年 8 月 1 日前支付转让款 4 万元（大写：肆万元）；

第三期，应在________年 12 月 31 日前支付转让款 2 万元（大写：贰万元）。

所有支付的转让款应转账至以下账户，否则视为乙方未支付转让款：

银行：

账户：

账号：

二、甲方保证对其拟转让给乙方的股权拥有完全处分权，保证该股权没有设定质押，保证股权未被查封，并免遭第三人追索，否则甲方应当承担由此引起的一切经济和法律责任。

三、有关A公司盈亏（含债权债务）的分担

1. 本合同生效后，乙方按受让股权的比例分享A公司的利润，分担相应的风险及亏损。

2. 如因甲方在签订本合同时，未如实告知乙方有关A公司在股权转让前所负债务，致使乙方在成为A公司的股东后遭受损失的，乙方有权向甲方追偿。

四、违约责任

1. 本合同一经生效，双方必须自觉履行，任何一方未按合同的规定全面履行义务，应当依照法律和本合同的规定承担责任。

2. 如乙方不能按期支付股权转让款，每逾期一天，应向甲方支付逾期部分转让款的万分之五的违约金。如因乙方违约给甲方造成损失，乙方支付的违约金金额低于实际损失的，乙方必须另予以补偿。

3. 如由于甲方的原因，致使乙方不能如期办理变更登记，或者严重影响乙方实现订立本合同的目的，甲方应按照乙方已经支付的转让款的万分之五向乙方支付违约金。如因甲方违约给乙方造成损失，甲方支付的违约金金额低于实际损失的，甲方必须另予以补偿。

五、合同的变更或解除

甲、乙双方经协商一致，可以变更或解除本合同。经协商变更或解除本合同的，双方应另签订变更或解除合同，并经上海市公证处公证（如果是外商投资的公司，须报请审批机关批准）。

六、有关费用的负担

在本次转让过程中发生的有关费用（如公证、评估或审计、工商变更登记等费用），由甲方承担。

七、争议解决方式

因本合同引起的或与本合同有关的任何争议，甲、乙双方应友好协商解决。如协商不成，按照下列方式解决（任选一项，且只能选择一项，在选定的一项前的方框内打“√”）：

☐ 向上海市仲裁委员会申请仲裁

☐ 提交中国国际经济贸易仲裁委员会相关分会在上海市进行仲裁

☐ 向有管辖权的人民法院起诉

八、生效条件

本合同经甲、乙双方签字（盖章）并经上海市公证处公证后（如果是外商投资的公司，须报请审批机关批准后）生效。双方应于合同生效后依法向工商行政管理机关办理变更登记手续。

九、本合同一式四份，甲、乙双方各执一份，A公司、上海市公证处各执一份，其余报有关部门。

转让方：　　　　　　　　　　受让方：

________年____月____日

附录三

关于并购 ×× 公司的可行性分析报告

一、项目背景

1. 并购的动因和背景。

2. 目标公司筛选情况。

3. 项目前期谈判进展情况。

4. 出让方基本情况和出让原因。

二、目标公司情况

1. 基本情况：名称、地址、注册资本、成立日期、经营期限、法人代表、属性、股权结构、主要股东情况、经营范围、法人治理结构、人力资源情况等。

2. 资产现状：资产规模、资产主要构成、投资情况、资信状况等。

3. 经营现状：产品（服务）、主要经营业绩、竞争力、主要客户情况、利润水平、技术水平、经营管理水平、经营管理中存在的风险等。

4. 财务状况：近三年的财务报表、资产总额、净资产规模、流动资产、负债总额、盈利能力、现金流等。

三、并购的必要性论述

项目实施对公司的作用主要体现在以下几个方面：

1. 实现公司战略目标。

2. 增强公司核心竞争力。

3. 优化公司的产业链，解决发展“瓶颈”。

4. 给公司带来经营协同效应，主要指并购后因经营活动效率提高所产生的效益。

5. 给公司带来管理协同效应，主要指并购后因管理效率的提高而带来的利润。

6. 给公司带来财务协同效应。如税收优惠、合理避税等。

四、并购实施计划

1. 实施计划：签订并购合同、缴纳出资、修改公司章程、办理工商变更登记、确定各进度的节点、编制进度表等。

2. 资金运用：项目的前期费用、并购资金构成与使用情况、资金及各方出资额、银行贷款及其他社会融资的构成与来源、投资估算、股权交易价格等、并购后对公司的投资等。

五、财务分析

1. 财务分析依据：参照了《建设项目经济评价方法与参数》（第三版）、《投资项目可行性研究方法指南》、国家现行财税制度、具有评估资质的机构出具的资产评估报告和财务审计报告、公司的财务报表等依据。

2. 并购后公司财务分析主要参数：评价期（包括建设期和运营

期）、财务基准收益率、成本费用估算基础数据及参数、销售量和产品价格、有关税费规定、法定公积金比例、合资各方分配比例、境外股息汇回国内的税率。

3. 并购后公司总成本费用估算。

4. 并购后公司营业收入及税金估算。

5. 并购后公司获利能力分析。

6. 并购后公司经济评价指标：新公司税后内部收益率为____%，财务净现值为____万元，投资回收期为____年。

7. 盈亏平衡分析：盈亏平衡点 = 固定成本 /（营业收入 – 可变成本 – 营业税金及附加）；盈亏平衡产量 = 盈亏平衡点 × 当年产量。

8. 敏感性分析：将公司出资、产品价格、销售量、成本、评价期限和利润分配政策等作为不确定因素。分析单因素在一定幅度内变化时对财务分析指标的影响程度，并编制敏感性分析表和敏感性分析图。

六、并购后公司的整合与经营

1. 并购后公司的概况：名称、住所、注册地址、设立方式、法定代表人、属性、注册资本、股权结构、市场调查与预测等。

2. 并购后公司的法人治理和议事规则：股东会、董事会和监事会，各方委派的高级管理人员名额和职责安排，以及股东会、董事会和监事会表决制度安排。

3. 并购后公司的自主知识产权使用情况（无偿或有偿）。

4. 并购后公司的经营：经营方式、盈利模式、盈利能力、存在的问题及解决的措施、工程建设项目、技术引进等。

七、风险及应对措施

1. 影响风险的因素：资源风险、市场风险、资金风险、财务风险、法律风险、质量安全环保风险、政策风险和社会风险因素等。

2. 影响风险的情况：资源的利用情况、产品的质量是否符合要求、土地与房屋等权属证明资料是否齐全、是否存在巨额债务、社会条件与社会环境是否发生变化。

3. 风险应对措施：在对风险进行分析后，应提出防范建议和应对措施。

八、结论及建议

1. 综合评价：对可行性分析中涉及的主要内容，概括性地给予总结和评价。

2. 结论：对可行分析研究中涉及的主要内容及研究结果，给出明确的结论性意见，判断项目是否可行。

3. 存在的问题：对可行性分析中存在的问题进行汇总，并分析问题的严重性以及对各方面的影响程度。

4. 建议及实施条件：明确并提出下一步工作中需要协调、解决的主要问题和建议，提出项目达到预期效果需要满足的实施条件。

九、附件

1. 项目立项批复文件；

2. 关于开展可行性研究报告的委托函；

3. 项目申报单位同意并购的决议文件；

4. 新公司章程（草案）；

5. 与出让方签订的投资协议书；

6. 评估报告、审计报告、财务尽职调查报告或法律尽职调查报告等；

7. 生产许可证和安全生产许可证；质量、安全、环境等管理体系认证证书；行业资格（资质）证书等；

8. 公司的有关重要文件：营业执照、组织机构代码证、税务登记证、国有土地使用证、房屋所有权证等；

9. 其他需要提供的资料。